SIX MOIS DANS LES MONTAGNES-ROCHEUSES

COLORADO, UTAH, NOUVEAU-MEXIQUE

Honoré Beaugrand

© 2024, Honoré Beaugrand (domaine public)
Édition : BoD - Books on Demand, 31 avenue Saint-Rémy,
57600 Forbach, bod@bod.fr
Impression : Libri Plureos GmbH, Friedensallee 273,
22763 Hamburg (Allemagne)
ISBN : 978-2-3225-5807-0
Dépôt légal : Janvier 2025

I

SIX MOIS DANS LES MONTAGNES-ROCHEUSES

Les pages qui suivent, écrites sans prétention au style ou à l'érudition, sont le résultat d'un voyage de santé, fait dans le Colorado, le Nouveau-Mexique et l'Utah, pendant l'automne et l'hiver de 1889-90.

Trop malade, d'abord, pour me livrer à un travail sérieux et régulier, je me suis contenté de prendre des renseignements et de noter, au hasard, tout ce qui me frappait, dans un pays pittoresque, à peine ouvert à la civilisation et encore très imparfaitement connu du public voyageur.

Le *Far-West* américain est aujourd'hui acculé aux Montagnes-Rocheuses--aux montagnes de roche, comme disaient les anciens trappeurs français--et il faut même escalader la première chaîne de cet immense massif pour rencontrer maintenant ces types exotiques que *Buffalo-Bill* est allé promener dans les capitales européennes. Tout cela disparaît à vue d'oeil devant le progrès toujours croissant des chemins de fer et de l'électricité, et dans vingt ans, il ne restera guère de coin reculé de l'Amérique du Nord qui n'ait été modernisé par l'envahissement de ces puissants véhicules de la civilisation et du progrès matériel.

Les contrées que j'ai visitées n'ont guère d'histoire et les Indiens eux-mêmes, qui l'habitent encore, ne font guère remonter leurs traditions à plus de deux ou trois générations. Encore faut-il faire largement la part de la légende dans tout ce que nous racontent les indigènes, qui sont aussi indifférents à l'histoire du passé qu'ils ne paraissent s'occuper de ce que peut leur réserver l'avenir. Le sauvage vit au jour le jour, apparemment sans regrets pour les événements de la veille et sans inquiétude pour les nécessités du lendemain. La civilisation et le progrès implacable du blanc les ont refoulés dans les montagnes où ils vivent sous la tutelle du gouvernement de Washington. Sont-ils heureux ou malheureux? c'est ce qu'il serait assez difficile de découvrir sous le masque d'indifférence et de stoïcisme qui les distingue dans leurs relations avec les étrangers.

En dehors des études géographiques et ethnographiques plus ou moins sérieuses que comporte naturellement un voyage dans des pays nouveaux, j'ai cru faire acte de bon Canadien et de bon Français en faisant ressortir, chaque fois que j'en ai trouvé l'occasion, la grande, la très grande part qui revient à nos pères, ces hardis coureurs des bois des trois derniers siècles, dans la découverte et dans les premières explorations de ces contrées sauvages.

Traversant les montagnes,--soit à cheval, soit en diligence ou en chemin de fer, selon les circonstances,--j'ai voyagé à loisir et à petites journées, sans programme arrêté, sans itinéraire tracé d'avance, au hasard de l'impression et du caprice de chaque jour.

J'ai écrit comme j'ai voyagé: en invalide forcé de se laisser guider par l'état de sa santé et par les circonstances de chaque jour. C'est pourquoi j'ai ajouté au présent volume une carte itinéraire qui permettra au lecteur de suivre assez facilement le cours de mes pérégrinations dans un des pays les plus accidentés qu'il y ait au monde. J'ai aussi conservé, sans les traduire, les noms anglais, sauvages et espagnols des endroits que j'ai visités, afin de ne pas dérouter ceux qui pourraient avoir la fantaisie de faire un jour un voyage analogue. De nombreuses illustrations serviront aussi à rendre plus intelligibles les descriptions que j'ai essayé de faire des sites qui m'ont le plus vivement intéressé.

J'ai essayé de rester vrai, toujours, souvent au détriment du pittoresque et du merveilleux; et les statistiques commerciales, industrielles et agricoles que je cite en passant ont toujours été puisées aux sources les plus authentiques. En un mot, j'ai voulu, avant tout, faire une description véridique d'un pays qui est encore aujourd'hui l'un des plus curieux, et qui sera, avant longtemps, un des plus prospères du continent de l'Amérique septentrionale.

II

DE MONTRÉAL A CHICAGO

28 OCTOBRE 1889.

Deux jours et trois nuits de chemin de fer, avec vingt-quatre heures de repos à Chicago, suffisent aujourd'hui pour faire le voyage de Montréal à Denver; soit sept cents lieues en soixante heures, avec tout le confort moderne que comportent les installations superbes des wagons-salons, des wagons-lits et des wagons-restaurants. Et tout cela, avec un seul arrêt, à Chicago. C'est un changement à vue qui nous fait rêver, tout éveillés, à ces trucs de théâtre où les décors s'élèvent ou s'enfoncent, paraissent et disparaissent aux yeux du public, sans qu'il soit même nécessaire de baisser le rideau.

Et partout, maintenant, la lumière électrique remplace, la nuit, la lumière blafarde des anciens systèmes d'éclairage. Il n'y a certainement pas de pays au monde où le progrès se soit affirmé d'une manière plus éclatante qu'aux Etats-Unis et au Canada, dans l'amélioration des systèmes de transport du public voyageur.

En partant de Montréal, j'avais mis dans mon sac de voyage, pour utiliser les loisirs de la route, les deux volumes des *Lettres du Baron de Lahontan*. J'avais, sans y réfléchir d'ailleurs, choisi un ouvrage qui me fournissait les points de comparaison les plus pittoresques et les plus authentiques, entre la manière de voyager de nos pères, de Montréal à Chicago, il y a deux cents ans, et les facilités que nous procurent aujourd'hui les découvertes de la vapeur et de l'électricité. Et ces comparaisons m'amenaient à déplorer l'ignorance, les préjugés et le fanatisme de ces sectaires qui osent aujourd'hui élever la voix contre les descendants de ces vaillants voyageurs de race française qui ont découvert, pacifié, civilisé et partiellement colonisé tous ces vastes pays qui s'étendent entre l'embouchure du Saint-Laurent, à l'est, et les bords du fleuve Mississipi, à l'ouest.

Pas un lac, pas une rivière, pas une montagne que nos pères n'aient explorée, pas un fortin historique qui n'ait été témoin de leurs luttes avec les guerriers des Cinq-Nations; et si le sort des armes a pu changer le drapeau qui flottait alors des rivages de l'Acadie au pied des Montagnes-Rocheuses, l'histoire est toujours là pour rappeler que ce sont les Français qui ont été les pionniers de la civilisation dans cette partie du continent de l'Amérique du Nord.

Lachine, Kingston (*Frontenac*), Toronto, Sarnia, que nous passons à toute vapeur, sont autant d'anciens postes français fondés aux premiers temps de la colonie; et la grande ville de Chicago est située, aujourd'hui, à l'embouchure de la rivière du même nom que je trouve indiquée, dans les cartes de Lahontan sous le nom de *Chegakou--Portage de Chegakou des Illinois*. Et cette carte date de 1689, il y a juste deux cents ans.

SUR LE ST. LAURENT Las Rapides de Lachine--Comme on voyage aujourd'hui....

SUR LE ST. LAURENT Les Rapides de Lachine--Comme on voyageait autrefois.

Lahontan qui, comme on le sait, était officier dans les troupes royales, donne d'abord la description des canots dans lesquels on voyageait alors, et qu'il appelle les "voitures du Canada":

Leur grandeur varie de dix pieds de longueur jusqu'à vingt-huit. Les plus petits ne contiennent que deux personnes. Ce sont des coffres à mort. On y est assis sur les talons. Pour peu de mouvement que l'on se donne ou que l'on penche plus d'un côté que de l'autre, ils renversent. Les plus grands peuvent contenir aisément quatorze hommes, mais pour l'ordinaire, quand on veut s'en servir pour transporter des vivres ou des marchandises, trois hommes suffisent pour les gouverner. Avec ce petit nombre de canoteurs on peut transporter jusqu'à vingt quintaux. Ceux-ci sont sûrs et ne tournent jamais quand ils sont d'écorce de bouleau, laquelle se lève ordinairement en hiver avec de l'eau chaude...

Ces bâtiments ont 20 pouces de profondeur, 28 pieds de longueur et quatre et demi de largeur vers la barre du milieu. S'ils sont commodes par leur grande légèreté et le peu d'eau qu'ils tirent, il faut avouer qu'ils sont en récompense bien incommodes par leur fragilité; car pour peu qu'ils touchent ou chargent sur le caillou ou sur le sable, les crevasses de l'écorce s'entrouvrent, ensuite l'eau entre dedans et mouille les vivres et les marchandises.

Chaque jour il y a quelque crevasse ou quelque couture à gommer. Toutes les nuits on est obligé de les décharger à flot et de les porter à terre où on les attache à des piquets, de peur que le vent ne les emporte; car ils pèsent si peu que deux hommes les portent à leur aise sur l'épaule, chacun par un bout. Cette seule facilité me fait juger qu'il n'y a pas de meilleure voiture au monde pour naviguer dans les rivières du Canada qui sont si remplies de cascades, de cataractes et de courants. Ces canots ne valent rien du tout pour la navigation des grands lacs où les vagues les engloutiraient si on ne gagnait terre lorsque le vent s'élève. Cependant on fait des traverses de 4 ou 5 lieues d'une île à l'autre, mais c'est toujours en temps calme et à force de bras car on pourrait être facilement submergé.... (*Lahontan Vol. I, pages 35-36.*)

Voilà pour les voitures d'autrefois dans lesquelles on faisait le voyage de Montréal au Mississipi. On avouera qu'on était encore loin des *Pullman cars* éclairés à l'électricité et chauffés à la vapeur. Nos pères mettaient alors plus de temps à parcourir l'espace qui sépare Montréal de Kingston, que je viens d'en mettre pour faire le trajet de 700 lieues qui sépare Montréal de Denver. Et on va voir au prix de quelles misères, de quelles privations, de quelles souffrances ils parvenaient à surmonter les difficultés sans nombre qui les attendaient partout; sans compter les Iroquois qui les guettaient dans chaque buisson, pour leur dresser des embuscades. C'est encore M. de Lahontan qui raconte son premier voyage de Montréal au fort de Frontenac (Kingston):

Je m'embarquai à Montréal dans un canot conduit par trois habiles Canadiens. Chaque canot était chargé de deux soldats; nous voyageâmes contre la rapidité du fleuve jusqu'à trois lieues de cette ville où nous trouvâmes le saut St. Louis, petit cataracte si violent, qu'on fut contraint de se jeter dans l'eau jusqu'à la ceinture, pour traîner les canots un demi-quart de lieue contre les courants. Nous nous rembarquâmes au-dessus de ce passage, et après avoir vogué douze lieues ou environ, partie sur le fleuve, partie sur le lac St. Louis, jusqu'au lieu appelé les *Cascades*, il fallut débarquer et transporter nos canots A un demi-quart de lieue de là. Il est vrai qu'on les aurait encore pu traîner avec un peu de peine en cet endroit, s'il ne se fût trouvé au-dessus du cataracte du *trou*. Je m'étais imaginé que la seule difficulté de remonter le fleuve ne consistait qu'en la peine et l'embarras des portages, mais celle de refouler sans cesse 'les courants, soit en traînant les canots ou en piquant de fond, ne me parut pas moindre. Nous abordâmes à cinq ou six lieues plus haut aux *Sauts des Cèdres et du Buisson*, où l'on fut encore obligé de faire des portages de cinq cents pas. Nous entrâmes, à quelques lieues au-dessus, dans le lac St-François, à qui l'on donne vingt lieues de circonférence et l'ayant traversé, nous trouvâmes des courants aussi forts que les précédents, surtout le *Long-Saut* où l'on fit un portage d'une demi-lieue. Il ne nous restait plus à franchir que le pas des Galots. Nous fûmes obligés encore de traîner les canots contre la rapidité du fleuve. Enfin, après avoir essuyé encore bien des fatigues à tous ces passages, nous arrivâmes au lieu nommé la *Galette*, d'où il ne restait plus que vingt lieues de navigation jusqu'au fort Frontenac. Ce fut en cet endroit que les canoteurs quittèrent leurs perches pour se servir des rames, l'eau étant ensuite presque aussi dormante que dans un étang. L'incommodité des *maringouins*, que nous appelons en France des *cousins*, et qui se trouvent, à ce qu'on dit, dans tous les pays du Canada, me semble la plus insupportable du monde. Nous en avons trouvé des nuées qui ont pensé nous consumer, et comme il n'y a que la fumée qui les puisse dissiper, le remède est pire que le mal... (*Lahontan, Vol. I, pages 39-40.*)

Je ne crois pas avoir besoin d'insister sur la différence des voyages d'alors et d'aujourd'hui, mais en lisant ces pages intéressantes qui nous reportent deux siècles en arrière, on ne peut s'empêcher de réfléchir qu'il n'y a pas un pouce de terrain entre Montréal, Toronto, Sarnia et Chicago qui n'ait appartenu à la France par droit de découverte et d'exploration. La ville de Toronto, elle-même, si fière de ses progrès et de son accroissement, était déjà prévue, à cette époque, par *Lahontan* lui-même dans un mémoire qu'il présentait à M. de Pontchartrain, sur un projet de défense des grands lacs contre les incursions des Iroquois:

"Je ferais, dit-il, trois petits fortins en différents endroits; l'un à la décharge du lac Érié que vous verrez sur ma carte du Canada, sous le nom de fort supposé, aussi bien que les deux autres; le second à l'entrée du lac Ontario et le troisième à l'embouchure de la baye de *Toronto* sur le même lac."

Ce fort de Toronto, indiqué en 1689 par Lahontan, ne fut construit que cinquante ans plus tard sous le nom de *Fort Rouillé*; mais ces braves citoyens de Toronto ignorent ou prétendent ignorer que le site de leur ville fut choisi, il y a deux cents ans, par un officier français.

En faisant le trajet de Montréal à Chicago, par le *Grand Trunk Railway*, on traverse la décharge du lac Huron, de *Sarnia* au *Fort Gratiot*. Ce dernier fort est construit sur l'emplacement autrefois occupé par le *Fort Saint-Joseph* commandé par Lahontan en 1687-88. Voici en quels termes il raconte le passage de la rivière du Détroit et du lac Saint-Clair:

Le 6 septembre 1687, nous entrâmes dans le détroit du lac Huron, que nous remontâmes contre un faible courant de demi-lieue de largeur, jusqu'au lac de Sainte-Claire qui a douze lieues de circonférence. Le 8 du même mois, nous suivîmes les bords jusqu'à l'autre bout, d'où il ne nous restait plus que six lieues à refouler pour gagner l'entrée du lac Huron, où nous mîmes pied à terre le 14. Vous ne sauriez imaginer la beauté de ce détroit et de ce petit lac, par la quantité d'arbres fruitiers sauvages que l'on voit, de toutes les espèces, sur ses bords. J'avoue que le défaut de culture en rend les fruits moins agréables, mais la quantité en est surprenante. Nous ne découvrions sur le rivage que des troupes de cerfs et de chevreuils. Nous battions aussi les petites îles pour obliger ces animaux à traverser en terre ferme, pendant que les canoteurs dispersés autour de l'île leur cassaient la tête dès qu'ils étaient à la nage. Arrivés au fort Saint-Joseph dont j'allais prendre possession, messieurs Duluth et de Tonti voulurent se reposer quelques jours avant de passer outre.... (*Lahontan, Vol. I, pages 108-108.*)

Je ne suivrai pas le brave officier dans ses voyages à Michillimakinac, par la route que l'on suivait alors pour atteindre le portage de Chegakou, par la voie des lacs Huron et des Illinois (Michigan). Les chemins de fer ont bouleversé tout cela et nous faisons en dix-neuf heures, le trajet que les rudes voyageurs d'autrefois prenaient trente jours pour accomplir, en canot.

Mais, c'est égal, c'étaient de vaillants hommes que nos ancêtres, et il faut lire ces récits pittoresques pour se faire une juste idée des difficultés qu'ils avaient à surmonter.

III

CHICAGO--LES SIOUX--LES BISONS

Il y a plus de vingt ans que je visitai Chicago pour la première fois, et depuis cette époque, j'y suis allé, en moyenne, à peu près tous les deux ans. C'est dire que je suis assez familier avec l'accroissement merveilleux de cette ville étonnante qui porte aujourd'hui avec orgueil et avec droit le titre de *Reine de l'Ouest*.

Eh bien, c'est toujours avec un étonnement nouveau mêlé d'admiration que je parcours les rues de cette métropole moderne, qui compte aujourd'hui une population de plus de 1,100,000 habitants. L'histoire de Chicago n'est d'ailleurs que le corollaire des progrès immenses qui se sont accomplis dans les Etats de l'Ouest depuis vingt-cinq ans, et il faut avoir été un peu témoin de tout cela pour pouvoir établir une comparaison et se former une idée à peu près juste de la progression sans égale dans l'histoire, du peuple américain depuis la guerre de sécession.

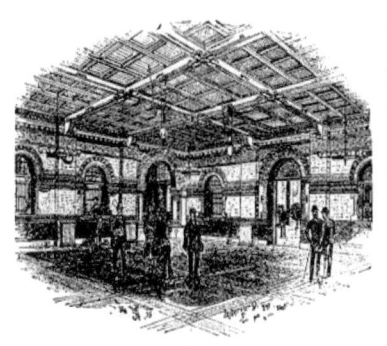 

LA GARE DU "CHICAGO AND GRAND TRUNK RAILWAY" A CHICAGO

Je n'ai, cette fois-ci, fait qu'un séjour de 24 heures à Chicago pour reprendre sans délai la route du Colorado, par voie du *Chicago, Rock-Island & Pacific Railway*. Je désigne mon itinéraire à dessein, car j'aurais pu choisir une autre route. Il n'y a pas moins de cinq compagnies différentes qui font le service régulier et quotidien entre

Chicago et Denver, et il y a quinze ans à peine qu'on a terminé la construction du premier des chemins de fer qui relient ces deux villes. Le *Rock-Island Railway* traverse le Mississipi à Davenport, Iowa, et file tout droit vers l'ouest en passant par les Etats de l'Illinois, de l'Iowa, du Kansas et du Colorado.

Il y a cinquante ans à peine que le Mississipi formait la frontière occidentale de la civilisation américaine, et nous nous trouvons aujourd'hui en face d'un pays fertile, bien cultivé et traversé en tous sens par le plus beau et le plus complet réseau de chemins de fer qui soit au monde. Le service est la perfection même, et j'ai déjà dit qu'il n'y a qu'un seul changement de train entre Montréal et Denver, sur un parcours de 700 lieues.

J'ai continué à lire les Lettres du Baron de Lahontan, et en filant à toute vapeur, douillettement installé dans le fauteuil à bascule d'un *Pullman car*, je revoyais à travers deux siècles de distance, les voyageurs d'autrefois allant à la découverte des peuplades sauvages qui vivaient à l'ouest du Mississipi. Les terribles Sioux de la plaine chassaient alors le bison là où s'élèvent maintenant des cités populeuses et florissantes, et ces valeureux guerriers, après avoir lutté avec acharnement contre la marche implacable de la civilisation, ont été refoulés Jusqu'au coeur des Montagnes-Rocheuses. Les Sioux furent les seuls guerriers qui luttèrent avec avantage contre les Iroquois, et Lahontan nous fait le récit d'une bataille qui eut lieu, sur le Mississipi, dans une île qui portait, de son temps, le nom d'*Ile aux Rencontres*, en mémoire de ce fait d'armes:

J'arrivai le 2 mars au fleuve du Mississipi que je trouvai beaucoup plus rapide et plus profond que la première fois, à cause des pluyes et du débordement des rivières. Pour nous épargner de la rame, nous nous abandonnâmes au courant. Le dixième nous arrivâmes à l'*Ile aux Rencontres*. Cette île est située vis-à-vis. On lui a donné le nom de *rencontres* depuis qu'un parti de 400 Iroquois y fut défait par 300 *Nadouessis* ou *Sioux*. Voici en peu de mots comment la chose arriva. Ces Iroquois ayant dessein de surprendre certains peuples situez aux environs des *Otentas* que je vous ferai bientôt connaître, arrivèrent chez les Illinois, qui leur fournirent des vivres, et chez lesquels ils construisirent leurs canots. S'étant embarquez sur le fleuve de Mississipi, ils furent découverts par une autre petite flotte qui descendait le fleuve de l'autre côté. Les Iroquois traversèrent aussitôt à cette île, nommée depuis *aux rencontres*. Les *Sioux* soupçonnant leur dessein, sans savoir quel était ce peuple, (car ils ne connaissaient les Iroquois que de réputation) se hâtèrent de les joindre.

Les deux partis se postèrent chacun sur une pointe de l'île, ce sont les deux endroits désignés sur ma carte par deux croix. Il ne furent pas plus tôt en vue que les Iroquois s'écrièrent: Qui êtes-vous? Sioux, répondirent les autres. Ceux-ci ayant fait à leur tour la même demande, les Iroquois répondirent avec une pareille franchise. Et où allez-vous continuèrent les Iroquois.--A la chasse aux boeufs, répondirent les Sioux; mais vous, Iroquois, quel est votre but?--Nous allons, répartirent-ils, à la chasse aux hommes?--Eh bien, dirent les Sioux, n'allez pas plus loin, *nous sommes des hommes*. Sur ce défi les deux partis débarquèrent de chaque côté de l'île. Ensuite le chef des Sioux ayant brisé tous les canots à coups de hache, il dit à ses guerriers qu'il fallait vaincre ou mourir, et en même temps donna tête baissée contre les Iroquois. Ceux-ci le reçurent d'abord avec une nuée de flèches; mais les autres ayant essuyé cette première décharge qui ne laissa pas de leur tuer 80 hommes, fondirent, la massue à la main, sur leurs ennemis, qui n'ayant pas le temps de recharger furent défaits à plate couture. Ce combat qui dura deux heures fut si chaud que 260 Iroquois y perdirent la vie et tout le reste du parti fut pris, pas un seul n'échappa. Quelques Iroquois ayant tenté de se sauver sur la fin du combat, le chef victorieux les fit poursuivre par dix ou douze des siens dans un des canots qui lui restaient pour butin, si bien qu'on atteignit les fuyards qui furent tous noyés. Après cette victoire, ils coupèrent le nez et les oreilles aux deux prisonniers les plus agiles, et les ayant munis de leurs fusils, de poudre et de plomb, ils leur laissèrent la liberté de retourner dans leur pays, pour dire à leur compatriotes qu'ils ne se servissent plus de femmes pour faire la chasse aux hommes. (Lahontan, Vol. I, lettre 26, 28 mai 1689.)

Ce récit est absolument typique des moeurs de cette époque; mais les Iroquois, les Sioux et les bisons ont presque disparu depuis, de la face du globe. Il ne reste guère qu'une poignée d'Iroquois au Canada et dans l'Etat de New-York; et les Sioux, depuis leur fameux massacre du régiment de Custer, en 1876, ont été refoulés dans les montagnes et sont aujourd'hui soumis, comme les Iroquois du Canada, au régime sévère de la tutelle du gouvernement américain. Comme toutes les tribus de l'Ouest des Etats-Unis, ces terribles guerriers de la plaine ont été transportés et sont retenus, bon gré mal gré, sur les réserves qui leur sont assignées, comme lieux de résidence, par les autorités de Washington.

Quant aux bisons qui erraient à l'état sauvage, au nombre de plus de 8,000,000, il y a à peine vingt ans, dans les plaines situées entre le Mississipi à l'est et les Montagnes-Rocheuses à l'ouest, il n'en reste pas aujourd'hui six cents, en tout et partout, d'après un rapport officiel du *Smithsonian Institute* de Washington. Sur ce nombre, trois cent-quatre sont captifs, en différents endroits; deux cents sont placés sous la sauvegarde des autorités dans le parc national de la *Yellow stone*, et les autres paissent à l'état sauvage dans les vallées inaccessibles formées par les chaînes de montagnes du Wyoming, du Dakota et du Montana.

Il en reste aussi quelques-uns dans les prairies des territoires du Nord-Ouest au Canada, mais le nombre en est si restreint que la race disparaîtra fatalement à très courte échéance. Le Kansas, l'Iowa, le Colorado, le Wyoming, le Nebraska où paissaient ces énormes troupeaux de buffles, ont été tour à tour livrés à la culture et à la colonisation, et le sifflet strident de la locomotive retentit aujourd'hui partout, là où l'on n'entendait naguère que le cri de guerre des Peaux-Rouges et les mugissements des bisons fuyant devant les flèches, les lances et les balles des chasseurs acharnés à leur destruction.

IV

LE COLORADO--L'UTAH--LE NOUVEAU-MEXIQUE

Francis Parkman, l'éminent historien américain qui a écrit de si belles choses sur l'histoire du Canada français, débuta dans la littérature, par le récit d'un voyage qu'il fit, il y a plus de quarante ans, jusqu'aux Montagnes-Rocheuses. Son livre: *The Oregon Trail* contient les péripéties et les détails intéressants d'une expédition qu'il entreprit, sous la direction d'un vieux trappeur canadien-français, Henri Châtillon, à travers les plaines que je viens de traverser en chemin de fer.

Denver n'existait pas alors, et le pays n'était habité que par les Indiens, les chasseurs, les coureurs des bois et les troupeaux de bisons qui paissaient dans les plaines situées entre le fort Leavenworth et les Montagnes-Rocheuses. La Californie, le Nouveau-Mexique, l'Arizona et la partie méridionale du Colorado faisaient alors partie de la confédération mexicaine, et ce ne fut qu'en 1848, que tous ces territoires furent cédés régulièrement aux Etats-Unis.

Le pays qui comprend aujourd'hui l'Etat du Colorado et le territoire du Nouveau-Mexique fut visité d'abord par un capitaine espagnol, Don Alvar Nunez Cabeza de Vaca, en 1528, six ans avant la découverte du Canada par Jacques Cartier. Le capitaine de Vaca avait fait naufrage sur les côtes du Texas, et il s'était bravement enfoncé dans les terres inconnues avec trois compagnons, les seuls survivants de son désastre. Durant dix ans, il erra parmi les tribus du Texas, du Colorado et du Nouveau-Mexique, et il se rendit même jusqu'au golfe de Californie. En voyageant continuellement vers le Midi, il arriva enfin à Mexico, où il fut reçu avec distinction par le vice-roi espagnol, Mendoza et par Fernand Cortès. Enthousiasmés par les succès de Pizarre dans les provinces du Midi et par les récits de Vaca, les Espagnols organisèrent une expédition sous les ordres du capitaine Francisco Vasquez Coronado, qui fut proclamé capitaine général et gouverneur de tous les pays situés au nord du *Rio Bravo del Norte*. Le capitaine Coronado établit un gouvernement, et les missionnaires se dispersèrent parmi les tribus indiennes qui habitaient déjà le pays et qui vivaient de chasse, de pêche et d'agriculture.

CHEFS INDIENS

UN VIEUX DE LA VIEILLE

LA MERE ET LA FILLE

Je parlerai plus loin, en détail, de ces curieuses populations indigènes qui, comme les Aztèques, avaient atteint un certain degré de civilisation, et qui vivaient en commun, soumises à un gouvernement et à certaines lois qu'elles ont conservés jusqu'aujourd'hui. La ville de Santa-Fé fut fondée et devint le siège du gouvernement espagnol. Le Colorado faisait alors partie de cette immense province connue d'abord sous le nom de Nouvelle-Grenade et soumise à l'autorité centrale du Mexique. Le Colorado fut plus tard exploré par les Français, et devint la frontière occidentale du territoire de la Louisiane, qui fut cédé aux Etats-Unis, en 1803, par Napoléon Ier.

Le Nouveau-Mexique fut envahi par les Américains, en 1846, et fut définitivement cédé au gouvernement de Washington par le traité de Guadeloupe-Hidalgo, le 2 février 1848. Le baron de Lahontan, dans son fameux voyage de la rivière Longue, en 1689, rencontra des tribus indiennes qui connaissaient les Espagnols pour avoir été expulsées par eux de leurs pays de chasse, sur les frontières du Nouveau-Mexique.

Il est aussi certain que tous ces pays étaient connus des voyageurs français longtemps avant la cession du territoire de la Louisiane aux Etats-Unis, car on rencontre à chaque pas des traces de leur passage. Des noms français de villes, de villages, de forts, de montagnes, de défilés, de cols, de vallées, de rivières, de torrents rappellent partout la part prépondérante que prirent nos ancêtres dans la découverte et l'exploration de ces contrées.

Le gouvernement américain, après le traité de 1803, s'empressa d'envoyer un détachement de troupes, sous les ordres du major Pike, pour prendre possession des territoires que la France venait de lui vendre pour une chanson. Et ce fut sous la conduite de deux guides-interprètes canadiens-français, les nommés Rainville et Rousseau que les soldats américains traversèrent les immenses prairies qui se déroulent à l'ouest du Mississipi jusqu'au mont Cheyenne, sentinelle avancée d'un contrefort des Montagnes-Rocheuses qui s'étend dans la plaine et que domine le mont *Pike*, à une altitude de 14,147 pieds au-dessus du niveau de la mer. La cime couverte de neiges éternelles de cette majestueuse montagne, est, dit-on, visible à une distance de cent milles, dans la prairie. La limpidité merveilleuse de l'atmosphère, à cette altitude, est un sujet d'étonnement pour tous ceux qui visitent le pays pour la première fois, et il est très difficile de s'y faire une idée exacte des distances. Les trappeurs canadiens connaissaient déjà le mont *Pike* sous le nom de: *grosse montagne bleue*, comme ils avaient d'ailleurs déjà baptisé les sources de Manitou du nom pittoresque de la *Fontaine-qui-bouille*.

Le général Frémont, surnommé: *the pathfinder,* le découvreur de sentiers, explora de nouveau le pays en 1843-45 et traversa les Montagnes-Rocheuses pour se rendre en Californie. Le capitaine Bonneville, que Washington Irving a immortalisé dans ses récits, avait visité le Colorado en 1832, et un autre Canadien-français nommé Carrière avait découvert des gisements aurifères, dans le lit de la rivière Platte, en 1835. Ce ne fut cependant qu'en 1858, il y a trente-deux ans, que la fièvre de l'or amena aux pieds des Montagnes-Rocheuses une immigration d'aventuriers qui jetèrent les fondations de la ville de Denver. On traversait alors les prairies du Kansas et du Colorado, avec des caravanes de lourdes charrettes traînée par des boeufs, et l'on prenait généralement de trente à quarante jours pour parcourir une distance que l'on traverse aujourd'hui en autant d'heures.

Le Colorado compte aujourd'hui une population de 400,000 habitants dispersés sur un territoire d'une superficie de 103,645 milles carrés. On l'a surnommé: *The Centennial State,* l'Etat du Centenaire, parce qu'il a été admis dans l'Union américaine, le 4 juillet 1876, centième anniversaire de la proclamation d'indépendance des colonies britanniques, le 4 juillet 1776.

Le Nouveau-Mexique ne possède encore qu'une organisation territoriale. Il occupe une superficie de 121,201 milles carrés, avec une population estimée à près de 200,000 habitants. Les Chambres de Washington sont actuellement à discuter un projet de loi pour l'admettre au nombre des Etats de l'Union; ce qui ne saurait longtemps tarder, à moins d'un injuste parti pris.

Le territoire de l'Utah, avec une superficie de 89,400 milles carrés et une population d'à peu près 300,000 âmes, est situé immédiatement à l'ouest du Colorado. Le pays fut découvert et exploré par les trappeurs français, vers la fin du XVIIe siècle, et Lahontan rencontra aussi des sauvages qui lui parlèrent du grand lac salé. Les mormons, sous la conduite de Brigham Young, immigrèrent en masse, et s'établirent, en,1847, dans la vallée de l'Utah et du lac salé, où ils fondèrent la ville de *Salt Lake.*

Voilà un aperçu général des pays que j'ai parcourus, et je m'empresse de dire que c'est surtout au point de vue de ma santé et du pittoresque que j'ai visité les contrées situées dans ce que l'on appelle ici le coeur des Montagnes-Rocheuses: *the heart of the Rockies*. Prenant Denver, capitale du Colorado, comme point de départ, je me suis rendu ensuite à Manitou, à Colorado Springs, à Pueblo, à Salida, à Gunnison, à *Grand Junction*, à Provost et à *Salt Lake City*, à l'ouest; à Leadville et à Aspen au nord; à Ouray, Silverton, Durango, Alamosa, Antonito, Espanola et à Santa-Fé du Nouveau-Mexique, au sud, en revenant à Denver, par le col de la Veta, par Trinidad et *Cuchara Junction*--ce qui représente un parcours de 6,000 milles dans le pays le plus accidenté du monde. On escalade littéralement en chemin de fer des montagnes de 10,000 pieds d'altitude, et on traverse des gorges et des ravines creusées dans le roc vif, et dont les murs escarpés s'élèvent à pic à 2,500 pieds au-dessus de la locomotive qui côtoie les eaux du torrent qu'on entend gronder au fond du précipice. On a réellement fait là des prodiges de construction et si le pays neuf que l'on traverse n'offre encore que peu de ressources au commerce, à l'agriculture et à l'industrie, on s'arrête en revanche, en contemplation devant une nature sauvage et des paysages grandioses qui étonnent même l'imagination la plus fantastique et la plus enthousiaste.

V

DENVER

Comme j'avais fait de la ville de Denver le centre de mes opérations, mon point de départ et de ravitaillement, il n'est que juste que je fasse un peu l'historique de cette grande ville qui compte à peine trente années d'existence.

La découverte de mines d'or en Californie avait été le signal d'une nombreuse émigration vers le Pacifique, et un grand nombre d'aventuriers se dirigèrent vers l'ouest,--les uns, par mer, en doublant le cap Horn, ou en traversant l'isthme de Panama; les autres par terre en escaladant les Montagnes-Rocheuses pour atteindre la terre promise. Ce ne fut que dix ans plus tard, en 1859, qu'un camp de mineurs fut établi sur les bords de la rivière Platte, qui arrose le versant oriental de la chaîne des Montagnes-Rocheuses,--à l'endroit où est maintenant située la ville de Denver, capitale du Colorado. A cette époque, le pays n'était pas même formé en Territoire, et j'ai déjà dit que ce ne fut qu'en 1876 qu'il fut admis au nombre des Etats de l'Union américaine.

Le dernier recensement de Denver accuse une population de plus de 120,000 habitants et l'accroissement remarquable de la ville n'est pas plus extraordinaire que la prospérité merveilleuse dont elle jouit depuis sa fondation, en 1859. Par sa position géographique aussi bien que par l'esprit d'entreprise et l'énergie de ses citoyens, Denver est devenu un centre industriel, agricole et commercial où convergent aujourd'hui vingt lignes de chemins de fer, et sa Bourse des valeurs minières ne le cède en importance et en variété qu'à celle de San Francisco. Il y a dix-huit ans à peine que le service des voyageurs se faisait encore par, les diligences entre Kansas City et Denver, qui ne comptait alors qu'une population de 4,000 habitants! On admire aujourd'hui une cité qui s'enorgueillit à bon droit de ses superbes édifices publics, de ses écoles qui sont des modèles d'organisation et d'installation, de ses tramways électriques et à *câbles continus*, et de ses résidences princières qui bordent de larges avenues, et qui dénotent l'opulence et la prospérité de ses citoyens.

DENVER

Denver est situé à une altitude de 5,195 pieds au-dessus du niveau de la mer, et possède un climat et une température que recherchent tous ceux qui souffrent de la poitrine ou de maladies nerveuses. Les hôtels ne le cèdent en rien à ceux des Etats de l'Est, et le public voyageur trouve ici toutes les commodités et tout le luxe de New-York ou de Boston. La population augmente chaque jour, et Denver est appelé à devenir le grand centre commercial de l'immense région qui sépare San Francisco de Chicago et de Saint-Louis.

Les propriétés foncières y ont acquis une valeur énorme en quelques années, et l'on construit constamment des édifices qui feraient honneur aux grandes villes de l'Est. Les ressources agricoles du Colorado et l'élevage, qui s'y fait sur une grande échelle, apportent aussi leur contingent à l'industrie minière, et plusieurs grands fabricants de l'Est ont construit ici de nouveaux ateliers, afin de supprimer le coût du transport des marchandises qui est encore relativement élevé. La concurrence, cependant, tend à faire baisser continuellement et à équilibrer le tarif des chemins de fer. J'ai dit, plus haut, un mot des écoles publiques que j'avais déjà visitées, en 1885, et je ne saurais trop insister sur leur merveilleuse installation au triple point de vue de l'instruction, de l'éducation et de l'hygiène. L'instruction est gratuite et obligatoire, et non seulement on donne aux élèves la facilité et l'occasion d'acquérir les connaissances les plus utiles et les plus multiples, mais on fournit même gratuitement aux enfants les livres et tous les accessoires nécessaires aux études les plus variées et les plus compliquées. Il faut vraiment visiter ces établissements dans tous leurs détails pour en apprécier la valeur et pour comprendre le sentiment libéral et humanitaire qui a présidé à leur organisation. Un simple détail prouvera jusqu'à quel point on a porté la sollicitude pour la parfaite éducation de la jeunesse. On a installé, dans chaque classe, de la plus basse à la plus élevée, des pots de fleurs naturelles qui servent à orner les chambres et à donner des leçons graduées de botanique pratique à tous les élèves. Des salles de bain sont aménagées dans chaque école, afin de permettre aux enfants de prendre des habitudes de propreté et de pouvoir apprécier le proverbe anglais qui dit que; *cleanliness is next to godliness*. L'édifice de la *High School* est superbe à tous les points de vue. L'installation des cabinets de physique et de chimie est, paraît-il, une des plus complètes du continent américain. Et toutes ces écoles sont gratuites! Les enfants du pauvre et du riche grandissent ensemble sous la tutelle de professeurs distingués, et l'on arrive ainsi à façonner des citoyens intelligents qui ont étudié sur les bancs d'une école commune, qui ont appris à se connaître, à s'estimer et à commencer les luttes de la vie dans un même sentiment de patriotisme éclairé et de solidarité démocratique.

Denver est fière de ses écoles, et le directeur de la *High School* s'enorgueillit avec raison d'un de ses élèves qui, en sortant des classes, est entré d'emblée, comme essayeur dans un grand établissement métallurgique, avec un salaire de $5,000 par an.

Ce résultat en dit plus long que tout ce que je pourrais citer à l'appui des éloges que je viens de faire des écoles de Denver.

VI

MANITOU--COLORADO SPRINGS--LE JARDIN DES DIEUX--GLEN-EYRE.

A soixante-quinze milles directement au sud de Denver,--au pied et à l'ombre du mont Pike,--se trouvent situées les deux jolies villes de *Manitou* et de *Colorado Springs*, célèbres dans tous les Etats de l'Ouest par leurs sources d'eaux bicarbonatées, sodiques et ferrugineuses. Ces sources auxquelles on a donné les noms de *Shoshone*, *Navajo*, *Manitou* et *Little-Chief* étaient connues des trappeurs canadiens sous l'appellation générale de *Fontaine-qui-bouille*, nom que l'on a conservé d'ailleurs à la petite rivière qui descend de la montagne pour aller se mêler, plus loin, dans la plaine, aux eaux de l'Arkansas. La ville de Manitou est aux Etats de l'Ouest ce que Saratoga est à ceux de l'Est. Des milliers de visiteurs viennent constamment y chercher la santé, en toutes saisons, ainsi que la fraîcheur et le délassement pendant les chaleurs de l'été. La ville de *Colorado Springs* est située à deux lieues de Manitou, à l'extrémité latérale du contrefort des Montagnes-Rocheuses qui projette dans la plaine et dont le mont Cheyenne est la sentinelle avancée. Elle tient son nom des sources d'eaux minérales de Manitou, et fut fondée dès les premières années de la colonisation du Colorado, vers 1860. Elle est située à une altitude de 5,982 pieds au-dessus du niveau de la mer, et compte une population de 10,000 habitants. Manitou n'a qu'une population permanente de 1,000 habitants, avec une altitude de 6,334 pieds.

Le climat de Colorado Springs peut être recommandé principalement aux personnes qui souffrent de la poitrine et d'affections des organes respiratoires. On a obtenu des cures merveilleuses chez des malades qui n'avaient pas attendu qu'il fût trop tard pour venir bénéficier des effets de son climat incomparable. J'ai déjà dit un mot des difficultés qu'il y a ici de juger correctement les distances, grâce à la raréfaction de l'air et à la limpidité de l'atmosphère à cette altitude.

Le major Pike, dans le récit de son voyage d'exploration en 1806, raconte gravement, qu'il voyagea durant trois jours vers la *grosse montagne bleue*, sans cependant paraître s'en approcher visiblement. A la date du 15 novembre 1806, il écrit:

"A deux heures de l'après-midi, je crus distinguer, à notre droite, une montagne qui nous apparut d'abord sous la forme d'un léger nuage bleu; mais une demi-heure plus tard, avec l'aide de ma longue-vue, je distinguai très bien la montagne du haut d'une éminence. Tous mes hommes se joignirent à moi pour pousser trois hourrahs en l'honneur de la *grosse montagne bleue*. Nous fîmes ce jour-là, une étape de 24 milles.

"16 novembre, dimanche; étape de 11-1/2 milles.

"17 novembre; nous nous hâtâmes, dans l'espoir d'arriver au pied des montagnes, mais nous ne parûmes pas nous en approcher visiblement, même après avoir fait une nouvelle étape de 24 milles."

Du 18 au 21 novembre, Pike s'arrêta pour faire la chasse aux bisons; mais le 21 et le 22 du même mois, il fit deux nouvelles étapes de trente-huit milles. Le 25 seulement il arriva au pied du mont Cheyenne qu'il escalada pour la première fois. Les explorateurs se trouvèrent donc durant dix jours en vue du mont *Pike*, avant d'y arriver. Ce pays est maintenant traversé dans tous les sens par les chemins de fer, et l'on est actuellement, à en construire un qui transportera les touristes jusqu'au sommet de la *grosse montagne bleue*, à une altitude de 14,147 pieds. Et dire qu'il y a trente ans à peine que ce pays est habité par les blancs!

La température moyenne de *Colorado Springs* et de Manitou est de 60 degrés Fahrenheit, et, bien qu'en hiver le thermomètre descende parfois jusqu'à zéro, la raréfaction et la pureté de l'air empêchent le froid de se faire sentir aussi sévèrement que dans les pays moins élevés. Je n'ai pas besoin de dire qu'on trouve partout, au Colorado, et surtout dans les villes d'eaux, des hôtels de première classe où la nourriture, l'installation et le service sont dignes des grandes villes américaines. Il y en a pour tous les goûts et pour toutes les bourses. Le service de la poste et des chemins de fer est aussi fait avec toute la régularité et toute la fréquence désirables. On pourrait se croire, sous ce rapport, à New-York, à Boston ou à Montréal. Les voitures de louage et les chevaux de selle y sont aussi à un bon marché relatif, car l'élevage se fait sur une grande échelle dans les *ranches* environnantes, et les chevaux ne se vendent pas trop cher.

LE PORTAIL DU JARDIN DES DIEUX

Les environs de Manitou et de *Colorado Springs* présentent de magnifiques promenades et sont le but d'excursions très intéressantes. Les plus célèbres sont l'ascension du mont Pike et du mont *Cheyenne*, la visite des *Grandes Cavernes* et de la *Grotte des Vents*, les promenades du *Jardin des Dieux*, de *Glen-Eyre*, des gorges de *Cheyenne*, des *Sept Lacs*, des *Sept Cascades* et la *Cascade de l'Arc-en-ciel*. Toutes ces visites peuvent se Faire en voiture ou à cheval, et aucune d'elles ne dure plus d'une journée. Ces sites se trouvent réunis dans un rayon de trois lieues de la ville. La principale curiosité et la plus intéressante, le *Jardin des Dieux* est située sur la route qui conduit de Manitou à *Colorado Springs*.

L'ascension du mont *Pike* se fait avec assez de facilité, soit à cheval par un sentier qui conduit au sommet en six heures, soit en voiture par une bonne route que l'on a construite depuis quelques années. J'ai déjà dit qu'on était en train de construire un chemin de fer à engrenage qui ira jusqu'au sommet, sur le modèle de celui qui existe depuis plusieurs années au mont Washington. L'ascension se fera donc, avant longtemps, avec la plus grande facilité. La vue du haut du mont *Pike* est absolument superbe, et s'étend à une distance incalculable. A l'est, et à perte de vue, les vastes prairies du Colorado; au nord, au sud et à l'ouest, les Montagnes-Rocheuses avec leurs chaînes et leurs pics innombrables. On ne peut se fatiguer d'admirer le contraste merveilleux que présentent la plaine immense qui s'étend à l'est, et le massif des sommets neigeux qui apparaissent à l'ouest, semblables aux flots d'une mer en furie qui se serait pétrifiée. Un observatoire, relié par le télégraphe aux grands centres des Etats-Unis, a été établi sur le sommet par le Bureau Météorologique de Washington, et tous les touristes sont cordialement reçus par les employés qui séjournent à l'année, à cette grande altitude. Bien des personnes sont cependant plus ou moins incommodées par "le mal de montagne," dû à la raréfaction de l'air, et l'on ne peut guère stationner au sommet à cause des neiges et du froid, à moins qu'on ne soit très chaudement vêtu.

Immédiatement au bas et à 9,000 pieds au-dessous du pic, on aperçoit, la ville de Manitou qui nous apparaît comme un mouchoir de dentelles que le vent aurait emporté dans la plaine; deux lieues plus loin, *Colorado Springs* avec ses larges boulevards et ses avenues tirées au cordeau, ne paraît guère plus grand qu'un damier ordinaire. A 200 milles au sud, "Los Picachos," *the Spanish Peaks*, comme les nomment les Américains, dessinent leurs cimes neigeuses à l'horizon, et à soixante-quinze milles au nord on distingue vaguement Denver par les nuages de fumée qui s'élèvent des fourneaux de ses usines. La route qui conduit de Manitou au sommet est des plus pittoresques, et l'on côtoie continuellement des torrents qui ont taillé leur lit dans le roc vif de la montagne en formant parfois des cascades écumantes ou des lacs tranquilles où se mirent les pins rabougris qui poussent sur les flancs escarpés des ravins et des précipices. C'est à mi-chemin que l'on admire les seps lacs et les cascades de Minnehaha.

L'ascension du mont *Cheyenne* est aussi relativement facile: un sentier de mulet y conduit, en quelques heures, de Colorado Springs. Cette montagne est devenue célèbre, depuis quelques années, par le tombeau de Mme Helena Hunt Jackson qui a désiré être enterrée là, dans la solitude, sur le versant qui fait face au soleil levant. Mme Jackson était un auteur bien connu aux Etats-Unis par des articles de revue et par des livres où elle a pris la défense des Peaux-Rouges contre les entreprises envahissantes des colons et contre la faiblesse du gouvernement qui assistait impassible au massacre des tribus sauvages. Son livre *Un siècle de déshonneur* est un plaidoyer formidable contre l'injustice des autorités américaines. Aussi la réputation de l'auteur s'est-elle répandue dans tous les Etats de l'Union. La visite à son tombeau a pris les proportions d'un pèlerinage, et chacun, selon le désir de la défunte, dépose une pierre sur le tertre où elle repose, aux pieds des grands pins noirs de la forêt que surplombent les cimes dentelées de la montagne funèbre.. Déjà une pyramide imposante s'élève sur la tombe de l'amie des sauvages, et chaque jour d'autres touristes ajoutent des pierres à ce monument d'un nouveau genre. Mme Jackson habitait la ville de Colorado Springs où elle était universellement aimée et respectée, et tous ceux à qui j'ai mentionné son nom m'en ont parlé dans les termes de la plus sympathique admiration.

Toutes ces montagnes sont sillonnées par des torrents qui ont creusé leurs lits jusqu'à des profondeurs parfois vertigineuses. Il en est résulté des gorges merveilleuses où l'on petit voir les stratifications les plus curieuses et les plus intéressantes. Les environs de *Manitou* et de *Colorado Springs* offrent des promenades nombreuses dans ces gorges où le soleil ne pénètre parfois que pendant quelques instants. Partout des sentiers à mulet ou des routes pour les voitures. On n'a que l'embarras du choix, et l'on peut facilement passer un mois dans le pays, en faisant chaque jour une nouvelle excursion.

De nombreuses grottes ont été découvertes dans les montagnes, mais les plus célèbres sont *la grande caverne de Manitou* et la*Grotte des vents*. La grande caverne fut découverte en 1881, et explorée pour la première fois en 1885. Elle offre plusieurs chambres à stalactites fort intéressantes, et l'on a donné des noms plus ou moins appropriés à des formations curieuses que l'on rencontre à chaque pas. La salle la plus remarquable est celle que l'on nomme *Concert Hall*, la salle de concert, où un groupe de stalactites et de stalagmites, représente assez bien les tuyaux d'un orgue, d'où l'on réussit à tirer des sons fort agréables et qui ressemblent assez au carillon des cloches entendues à distance.

La *Grotte des vents* est moins curieuse et moins importante; bien qu'elle soit le but d'une très intéressante promenade dans la montagne.

Mais l'excursion par excellence est celle que l'on fait au *Jardin des Dieux*. C'est là une merveille naturelle que les sauvages connaissaient de date immémoriale, et qu'ils avaient choisie comme un lieu de culte et de réunion, longtemps avant l'arrivée des blancs dans le pays. Voici la légende que l'on m'a racontée à ce sujet. Les Indiens visitaient régulièrement les eaux de la *Fontaine-qui-bouille* pour y conduire leurs malades, leurs blessés et leurs invalides. Ils croyaient que le Grand-Esprit avait soufflé le souffle de vie dans les eaux de Manitou, et ils buvaient ces eaux; ils y lavaient leurs blessures et y baignaient leurs membres malades. Après avoir passé un certain temps auprès des sources, ils se rendaient tous dans le *Jardin des Dieux* pour y offrir des sacrifices au Grand-Esprit, en témoignage de leur reconnaissance des guérisons qu'il venait d'opérer. Les jeunes guerriers s'y livraient aussi aux jeux d'adresse et aux exercices de la guerre, en terminant les réjouissances par des courses de chevaux. On voit d'ailleurs encore des traces de campement et des pistes circulaires pour ces courses.

Le *Jardin des Dieux* est un vaste cirque entouré de rochers abrupts, et formant une ellipse dont le grand axe mesure trois milles de longueur et le petit à peu près un mille. Le jardin n'est pas un lieu habité, mais un endroit couvert de rochers ruiniformes des plus étranges, où le Grand-Esprit habitait autrefois, selon la croyance des Peaux-Rouges. Le plateau qu'occupe cette merveille naturelle est situé à mi-chemin entre *Manitou* et *Colorado Springs*, et l'on y a accès par un portail gigantesque, formé de murailles de grès rouge, espacées d'à peu près 200 pieds. Ces murailles s'élèvent perpendiculairement à une hauteur de 500 pieds. Cette fissure curieuse, dans le roc vif, a dû être le résultat d'un bouleversement volcanique ou d'un tremblement de terre. On a tout à coup, en arrivant à ce portail, une vue splendide du mont *Pike*, qui se dessine si nettement, avec ses neiges éblouissantes, au fond de la vallée, qu'on s'en croirait tout près, bien qu'on soit à dix heures de son sommet.

On ne peut, à moins de les avoir vues, se faire une idée des fausses ruines, des faux monuments et des formations fantastiques que l'on rencontre à chaque pas dans le jardin des dieux. A côté de rocs figurant des monstres gigantesques sont des imitations d'édifices grandioses. Certains rochers isolés figurant une tour ou une pyramide, ont plus de 300 pieds de hauteur et certains passages ont plus de 100 pieds d'escarpement. Tout ce vaste espace est plongé dans une solitude absolue, et les touristes seuls y font des excursions et des promenades. J'y ai rencontré un artiste anglais qui y faisait des croquis, mais je doute que le pinceau puisse jamais rendre la grandeur imposante de ce merveilleux caprice de la nature. La plupart des rochers ont déjà reçu des noms fantaisistes évoqués par des similitudes plus ou moins discutables. On distingue entre autres le Bonhomme et la Bonne femme, les Frères siamois, les Dromadaires, les Aiguilles, les Champignons, la Tortue, la Cathédrale, etc., etc.

LA VALLÉE DE MANITOU

Glen-Eyre est le nom donné par le général Palmer à une gorge remarquable située un peu plus bas et à droite du portail du *Jardin des Dieux*. Ce nom qui signifie en français *Val de l'aire* vient de ce que l'on aperçoit, accroché au flanc du rocher, en entrant dans la gorge, l'aire d'un aigle qui s'est enfui en abandonnant son nid, devant le progrès de la civilisation. Le général Palmer a construit au fond de cet endroit pittoresque, un superbe château qu'il habite pendant la belle saison. Le parc qui l'environne est ouvert aux touristes. Les formations de grès rouge qu'on y trouve, bien que moins nombreuses, ne sont pas moins curieuses que celles que l'on rencontre dans le *Jardin des Dieux*.

Voilà à peu près ce que j'ai remarqué à Manitou et dans les environs, sans parler du mieux tout à fait sensible que j'ai ressenti, pendant mon séjour dans la montagne. Des milliers de personnes viennent d'ailleurs, chaque année, de tous les pays d'Europe et d'Amérique, pour y chercher la guérison et la santé. J'y ai rencontré des Canadiens, des Français, des Allemands, des Espagnols, des

Autrichiens, des Italiens, mais surtout des Anglais, qui sont ici en très grand nombre et qui ont engagé, m'a-t-on dit, de très grands capitaux dans l'exploitation des mines du pays et dans l'élevage des bestiaux.

VII

LES CHIENS DE PRAIRIE--PUEBLO
TRINIDAD--LA VETA--OURAY

De Denver à Trinidad, en passant par Pueblo, le chemin de fer *Denver et Rio Grande* longe les plateaux mamelonnés qui sont situés aux confins de la prairie et immédiatement aux pieds de la première chaîne des Montagnes-Rocheuses.

Entre *Colorado Springs* et Pueblo, nous apercevons, des fenêtres du convoi, à droite et à gauche de la voie, des *Prairie dog towns*-- littéralement des "villages de chiens des prairies." Ces petits animaux, de l'ordre des rongeurs, gros comme des lapins ordinaires, habitent les prairies américaines et construisent leurs terriers par milliers dans les endroits où ils trouvent en abondance les herbes dont ils font leur principale nourriture. Ils ne paraissent guère s'inquiéter du voisinage des hommes et ils sont très comiques à voir, assis sur le derrière, au haut des petites buttes de sable qui proviennent du creusement de leurs habitations souterraines, et poussant des grognements qui ressemblent beaucoup au jappement des jeunes chiens. On dit--je n'ai jamais vérifié la chose et je suis loin de me porter garant de l'authenticité de l'histoire-- que chaque terrier est habité en commun par un chien de prairie, un serpent à sonnettes et un hibou qui font tous les trois le meilleur ménage du monde. Je n'ai jamais vu que les chiens, car on prétend encore que leurs sinistres compagnons ne sortent que la nuit. J'ignore aussi l'origine de cette tradition qui me paraît bien risquée et tout ce que je sais du chien de prairie, c'est de l'avoir aperçu en passant et d'avoir appris dans un bouquin quelconque que, scientifiquement, cet intéressant petit animal est connu dans le monde des savants sous le nom du cynomus ou *spermophilus ludovicianus*. Je laisse aux naturalistes l'agréable besogne d'étudier plus longuement les habitudes et les moeurs de cette marmotte américaine.

UN VILLAGE DE CHIENS DE PRAIRIE

La ville de Pueblo est située à 45 milles au sud de *Colorado Springs*, et c'est de là que le chemin de fer, en se dirigeant directement vers l'ouest, traverse les montagnes par le défilé du *Royal Gorge*, pour nous conduire à Salida, Leadville, Aspen, Gunnison, *Grand-Junction* et *Salt, Lake City*. Nous allons maintenant nous diriger plus au sud, vers, Trinidad, pour revenir à *Cuchara Junction*, et de là nous rendre par le col de la Veta, dans la vallée de San-Luis, en allant jusqu'à *Santa-Fé* du Nouveau-Mexique, par la vallée du *Rio Grande del Norte*. C'est le pays des Pueblos ou villages indiens, et c'est sans contredit un des coins les plus pittoresques et les plus intéressants de l'Amérique du Nord. Je n'entreprendrai pas de traduire les noms anglais ou espagnols des endroits que j'ai visités, car il serait probablement impossible de s'y reconnaître en consultant les cartes géographiques. On se trouve ici aux confins des anciennes possessions mexicaines, et l'on y rencontre un mélange d'anglais et d'espagnol que l'on peut comparer au mélange d'anglais et de français qui existe dans les villes et dans les villages limitrophes des provinces de Québec et d'Ontario.

On a donné à Pueblo le surnom de "Pittsburg de l'Ouest," en raison de ses hauts fourneaux et de ses vastes intérêts manufacturiers. Le minerai de fer et le charbon abondent dans les environs; aussi la ville, qui ne compte que quelques années d'existence, a-t-elle déjà une population de 30,000 habitants. L'élevage des bestiaux, que l'on fait en grand dans les plaines voisines, et les ressources agricoles des terres arrosées parla rivière Arkansas, ajoutent aussi largement à la prospérité commerciale et industrielle de la ville naissante. La fièvre de la spéculation sur la propriété foncière est aujourd'hui à son comble à Pueblo, mais il en est un peu de même dans toutes les nouvelles villes de l'Ouest.

Denver en est un exemple frappant et Pueblo aspire à suivre Denver dans la voie d'une prospérité absolument merveilleuse. On y a déjà construit et l'on construit encore actuellement des édifices qui feraient honneur aux grandes villes des Etats de l'Est et du Canada. Citons comme exemples un superbe hôtel de $500,000 et un théâtre qui en a coûté autant. On y construit aussi un véritable palais pour l'exposition permanente des produits des mines du Colorado--et tout cela dans une ville de 30,000 âmes!

Trinidad est une ville de 6,000 habitants située au sud, près de la frontière du Nouveau-Mexique, et au coeur d'un pays riche en mines de charbon. C'est aussi une ville nouvelle-- *a railroad town*-- comme disent les Américains, une ville qui doit sa naissance à la construction d'un chemin de fer. C'est bien un peu là l'histoire de toutes les villes de l'Ouest. C'est à *Cuchara Junction* que le*Denver-Rio Grande R. R.* bifurque de nouveau à droite et à l'ouest pour escalader la chaîne de *Sangre de Cristo,* en passant par le col de la Veta, à une altitude de 9,393 pieds au-dessus du niveau de la mer. Immédiatement après avoir quitté le village de la Veta, et en vue des pics jumeaux appelés par les Espagnols *Los Picachos,* la voie s'engage dans les dédales apparemment inextricables de gorges, de défilés et de précipices, qui suivent le cours d'un torrent que nous traversons et retraversons à chaque instant sur des ponts suspendus aux anfractuosités de la montagne. Nous montons en suivant une pente plus ou moins rapide, selon les exigences et les accidents du sol. Deux puissantes locomotives nous traînent lentement en poussant des râles cadencés qui nous font comprendre la force énorme de traction qui leur est nécessaire pour surmonter les difficultés qui se dressent à chaque pas. Roulant parfois sur les chevalets et sur les tréteaux entrelacés d'un viaduc vertigineux jeté sur le torrent qui mugit au fond d'un abîme; surplombés plus loin par des rochers gigantesques qui nous menacent par leurs dimensions fantastiques, nous montons, nous montons toujours, constamment en vue de pics innombrables qui dressent leurs cimes couvertes de neiges, dans toutes les directions.

On a dit des Montagnes-Rocheuses, que ce n'était pas une chaîne de montagnes, mais plutôt un océan de montagnes, et il faut avoir traversé le massif du Colorado pour se faire une idée de la justesse de l'expression. De la hauteur du mont *Veta* on aperçoit au nord les sommets de la *Sierra Mojada*, au sud la chaîne de la *Culebra* et immédiatement à l'ouest, le plus haut pic du Colorado, la *Sierra Blanca* qui élève sa cime neigeuse à une altitude de 14,464 pieds au-dessus du niveau de la mer. Des montagnes à droite, à gauche, devant, derrière, des montagnes partout.

LE COL DE LA VETA

La descente du sommet de la *Veta* dans les plaines de *San-Luis* se fait à peu près avec la même variété de paysage et toujours avec la même sécurité, en dépit des obstacles qui s'accumulent partout. On suit les sommets des chaînons inférieurs, en remarquant que les torrents coulent maintenant vers l'ouest pour aller se jeter dans le *Rio Grande del Norte*. Par une série de détours, de retours et de zigzags qu'il serait impossible de décrire, nous descendons lentement des pentes rendues accessibles au moyen de travaux herculéens. Ici l'on a percé la montagne par des tunnels creusés dans le roc vif; un peu plus loin, la voie, taillée dans le granit, serpente au flanc d'un précipice dont on n'aperçoit pas toujours le fond; et partout des ponts, des viaducs et des tréteaux en treillis qui nous permettent d'arriver enfin dans la vallée de San-Luis, où le *Rio Grande*, poursuit sa course accidentée pour servir plus loin de frontière entre le Mexique et les Etats-Unis, et pour se jeter enfin dans le golfe du Mexique, à *Brazos Santiago*. On arrive enfin à la ville d'Alamosa, où la voie bifurque de nouveau vers le nord pour desservir le commerce des centres miniers et agricoles de *Del Norte*, de *South-Fork* et de *Waggon wheel Gap*. Il existe un peu partout, dans les Montagnes-Rocheuses, des sources minérales d'eau chaude, auprès desquelles on a construit des hôtels pour les malades et les invalides. Les sources de *Waggon wheel Gap* ont acquis une célébrité qui attire chaque année un grand nombre de baigneurs de toutes les parties des Etats de l'Ouest.

La chasse et la pêche sont aussi partout abondantes dans la montagne. Les lacs et les rivières sont très poissonneux, et l'on tue l'ours, la panthère, le chevreuil et l'antilope aux environs même des stations du chemin de fer. Il faut avouer, cependant, qu'il y a dix ans à peine que le pays a été livré au commerce et à l'agriculture par la construction du *Denver & Rio Grande Railway*, et il est assez facile de prévoir l'époque où la chasse se fera aussi rare que dans les Laurentides, bien qu'il y ait ici des refuges assurés pour le gibier, dans les solitudes inaccessibles et inexplorées des montagnes de *Saguache* et de *Lagarita*.

Revenant à Alamosa, qui est le centre commercial de la vallée du *Rio Grande*, le chemin de fer se dirige au sud vers *Antonito*, à travers un pays fertile qui fut autrefois le lit d'un grand lac, s'il faut en croire les géologues. Nous touchons ici à la frontière du Nouveau-Mexique et aux limites du pays occupé autrefois par les Espagnols. Il y a, encore, à *Antonito*, bifurcation du chemin de fer; la ligne principale se dirigeant à l'ouest vers les villes minières de Chama, de Durango, de Silverton et d'Ouray; et de là un embranchement allant directement au sud, à travers le pays des *Pueblos,* vers Espanola et Santa Fé et à une distance de 408 milles de Denver.

Nous allons d'abord suivre la ligne principale jusqu'à Ouray, quitte à revenir ensuite sur nos pas, afin de nous occuper plus longuement des Indiens du Nouveau-Mexique.

Le chemin de fer, entre Antonito et Ouray, est construit à une altitude moyenne de 7000 pieds, allant progressivement en montant jusqu'à la ville de Silverton qui est pittoresquement assise sur un plateau élevé de 9,224 pieds au-dessus du niveau de la mer.

En quittant la vallée de *San-Luis* on traverse d'abord la chaîne des Conejos, pour redescendre dans la vallée de *Los Pinos,* toujours en suivant les sinuosités des défilés les plus pittoresques et les plus intéressants. Le passage de la gorge de Toltec nous conduit à travers les profondeurs d'une fissure gigantesque produite dans le roc par quelque cataclysme.

La rivière coule ici au fond d'un abîme profond de 1500 pieds, et les ingénieurs ont dû construire des ponts, on plutôt des balcons suspendus au flanc escarpé de la montagne où les convois circulent sur une voie aérienne. On entend souvent sans l'apercevoir le torrent qui écume au fond de son lit de granit, et l'on aperçoit à une hauteur vertigineuse le bleu du ciel qui éclaire vaguement la grandeur sauvage d'une scène qui nous rappelle les illustrations fantastiques de la *Divine Comédie* du Dante, par Gustave Doré. A gauche, en sortant de la gorge, on aperçoit un obélisque élevé par la main des hommes et qui pique naturellement la curiosité du voyageur. C'est un monument élevé, le 26 septembre 1881, à la mémoire du président Garfield qui était enterré, ce jour là, à Cleveland, dans l'Etat de l'Ohio. Sur le granit poli de l'obélisque on a gravé l'inscription suivante:

In Memoriam
JAMES ABRAHAM GARFIELD
President of the United States
Died September 19, 1881
Mourned by all the People
Erected by Members of the National Association of
General Passenger and Ticket Agents, who

held memorial Burial Services
on this spot.
September 26, 1881

On arrive un peu plus loin à la station des Cumbres, sommet de la chaîne des *Conejos* et à une altitude de 10,015 pieds, où l'on commence la descente qui se fait à peu près dans les mêmes conditions que l'ascension. On passe sans s'arrêter Chama, Amorgo où l'on prend la diligence pour les sources de Pagosa. Ces sources étaient célèbres parmi les Indiens, longtemps avant l'arrivée des blancs dans le pays. Un peu plus loin, à Ignacio, se trouve située la réserve des *Utes*, ou de la tribu des *Enfants*, comme les appelaient les trappeurs canadiens qui faisaient la chasse et la traite dans ce pays. Des fenêtres du wagon, on aperçoit les wigwams de la tribu et l'on est certain de rencontrer, à la gare, des sauvages qui vous offrent en vente des arcs, des flèches et des casse-têtes, comme souvenirs de voyage. Ces Indiens ressemblent absolument à nos sauvages du Nord-Ouest canadien et sont soumis à la tutelle du gouvernement américain, qui les nourrit et qui les entretient.

On arrive enfin à Durango, qui est le centre commercial des régions agricoles de Farmington et de Bloomfield, aussi bien que des vallées fertiles du *Rio de las animas perdidas* --rivière des âmes perdues--et du *Rio Florida*. Ici, comme partout ailleurs dans les régions montagneuses du Colorado, le rendement des mines est très considérable, et l'exploitation de nouveaux gisements d'argent et de houille promet beaucoup pour l'avenir. Durango compte déjà une population de 4,000 habitants. La ville est située à 450 milles de Denver et à une altitude de 6,250 pieds. Le chemin de fer, en quittant Durango, se dirige directement au nord en suivant la vallée du*Rio de las animas*. On traverse encore des gorges profondes et on escalade de nouveau des sommets élevés avant d'arriver à Silverton, petite ville de 3,000 habitants, qui a expédié, pendant les trois dernières années, pour plus de $2,000,000 de minerai d'argent aux fonderies de Denver et de Pueblo. L'exploitation de nouveaux gisements se fait tous les jours et le rendement augmente en conséquence. Les hommes du métier prédisent pour Silverton un avenir brillant et prospère, et un vieux mineur d'expérience avec qui je causais des ressources du pays, me disait dans son langage pittoresque, en me montrant les montagnes environnantes: *all those* *mountains are fairly rotten with silver*.-- toutes ces montagnes-là sont réellement pourries d'argent.

Le pays qui sépare Silverton de Ouray offrait des difficultés extraordinaires pour la construction d'un chemin de fer; mais on est parvenu à vaincre tous les obstacles en portant la ligne jusqu'à Ironton, après avoir escaladé des sommets de 12,000 pieds d'altitude. Il reste encore une distance de huit milles à construire, et que l'on parcourt aujourd'hui en diligence, à travers les sites les plus pittoresques et les plus accidentés.

Ouray qui est aussi une ville minière admirablement située dans une vallée fertile, sur les bords de la rivière Uncompahgre, promet de devenir, avant longtemps, la rivale de Leadville et d'Aspen pour l'exploitation des mines d'or et d'argent, qui abondent dans les environs. Les capitalistes de l'Est ayant reconnu la richesse des filons et l'abondance du minerai, ont formé des sociétés minières, avec de forts capitaux, et l'on construit actuellement de vastes établissements pour la réduction des métaux. Ouray possède déjà un hôtel de première classe, comme on n'en voit guère, excepté dans les grandes villes, et un système d'écoles publiques que la plupart de nos villes canadiennes pourraient lui envier. Là, comme partout ailleurs dans les pays de l'Ouest, la ville est éclairée à la lumière électrique, et les communications postales et télégraphiques ne laissent rien à désirer.

Le chemin de fer en partant d'Ouray rejoint à Montrose la ligne principale de Denver à *Salt Lake City*. Nous retournerons d'abord à Antonito pour nous rendre à Santa-Fé du Nouveau-Mexique, avant de voyager plus loin vers l'ouest, en repassant par là.

"LOS PICACHOS"

VIII

HAUTEUR DES MONTAGNES DU COLORADO
LE NOUVEAU-MEXIQUE.

Il serait assez difficile de se faire une juste idée de la hauteur générale des Montagnes-Rocheuses ou de l'altitude où l'on a réussi à porter les chemins de fer, sans procéder par comparaison et sans donner un tableau général de la hauteur des principaux pics du Colorado. Le chemin de fer le plus élevé de l'Europe est celui qui traverse le Righi, à une altitude de 5,753 pieds au-dessus du niveau de la mer. La ligne du Saint-Gothard ne s'élève qu'à 3,788 pieds. Le chemin de fer *Denver & Rio Grande*, par lequel j'ai traversé les Montagnes-Rocheuses, s'élève à 12,000 pieds entre Silverton et Ouray; à 10,856 pieds sur le Marshall Pass, entre Salida et Gunnison; à 11,329 pieds sur le *Fremont Pass*. La ville de Leadville, où j'aurai occasion de conduire mes lecteurs plus tard, est située à une altitude de 10,200 pieds.

Le seul autre chemin de fer au monde, qui atteigne des hauteurs comparables, est celui que l'on est en train de construire de Valparaiso sur le Pacifique à Buenos-Ayres sur l'Atlantique, en traversant la chaîne des Andes qui sépare le Chili de la République Argentine; et encore cette ligne n'atteint-elle qu'une altitude de 10,450 pieds au-dessus du niveau de la mer. J'ai dit qu'un chemin de fer à engrenage--*cog wheel road*--serait terminé, dans deux ou trois mois, jusqu'au sommet du mont *Pike*, à une hauteur de 14,147 pieds. Ce sera la voie ferrée la plus élevée du monde.

Maintenant, j'ai cru qu'il serait intéressant de compiler une liste des plus hautes montagnes du Colorado; ce qui pourra donner une idée assez juste de l'aspect général de cette partie du pays située dans le massif des Montagnes-Rocheuses. J'ai conservé les noms anglais afin de faciliter les recherches de ceux qui auraient la curiosité de consulter une carte géographique. J'y ai aussi ajouté la hauteur des cols et des défilés par où l'on traverse les montagnes soit en chemin de fer, soit en diligence:

	Pieds
Sierra Blanca	14,464
Mount Harvard	14,383
Mount Massive	14,368
Gray's Peak	14,341
Mount Rosalie	14.340
Mount Torrey	14,330
Mount Elbert	14,336
La Plata Mountain	14,302
Mount Lincoln	14,297
Buckskin Mountain	14,296
Mount Wilson	14,280
Long's Peak	14,271
Quandary Peak	14,269
Mount Antero	14,245
James' Peak	14,242
Mount Shavano	14,238
Uncompahgre Peak	14,235
Mount Crestones	14,233
Mount Princeton	14,199
Mount Bross	14,185
Mount of the Holy Cross	14,176
Baldy Mountain	14,176
Mount Sneffles	14,158
Pike's Peak	14,147
Castle Mountain	14,106
Mount Yale	14,101
San Luis Mountain	14,100
Mount Red Cloud	14,092
The Watterhorn	14,069
Mount Simpson	14,055
Mount Æolus	14,054
Mount Ouray	14.043
Mount Stewart	14,032
Mount Maroon	14,000
Mount Cameron	14,000
Mount Handie	13,997
Mount Capitol	13,992

Horseshoe Mountain	13,988
Snowmass Mountain	13,961
Mount Grizzly	13,956
Pigeon Mountain	13,928
Mount Blaine	13.905
Mount Frustrum	13,883
Pyramid Mountain	13,895
Mount White Rock	13,847
Mount Hague	13,832
Mount R G. Pyramid	13.773
Silver Heels Mountain	13,766
Mount Hunchback	13,755
Mount Rowter	13,750
Mount Homestake	13,687
Mount Ojo	13,640
Spanish Peaks	13,650--12,720
Mount Guyot	13,565
Trinchara Mountains	13,546
Mount Kendall	13,542
Mount Buffalo	13,541
Mount Arapahoe	13,520
Mount Dunn	13,502
Mount Bellevue	11,000
Alpine Pass	13,550
Argentine Pass	13,100
Cochetopa Pass	10,032
Hayden Pass	10,780
Trout Creek Pass	9,346
Berthoud Pass	11,349
Marshall Pass	10,852
Veta Pass	9,392
Poncho Pass	8,945
Tennessee Pass	10,418
Taryral Pass	12,176
Breckenridge Pass	9,490
Cottonwood Pass	13,500
Fremont Pass	11,540
Mosquito Pass	13,700
Ute Pass	11,200

La nomenclature est assez longue, mais il y a encore, au Colorado, soixante-douze pics variant en hauteur de 13,500 à 14,300 pieds et qui n'ont pas encore reçu les honneurs du baptême.

DANS LA GORGE DES "AMES PERDUES" — LES AIGUILLES

Cela dit, nous allons reprendre la route du Nouveau-Mexique, en suivant la vallée du *Rio Grande del Norte*.

J'ai déjà dit un mot de la découverte accidentelle du Nouveau-Mexique par le capitaine Alvar Nunez de Cabeza de Vaca, qui avait fait naufrage sur les côtes du Texas, en 1528, et qui s'était dirigé vers les solitudes de l'Ouest, dans l'intention de rejoindre les compagnons de Cortez qui s'étaient emparés de l'empire de Montezuma, dix ans auparavant. Cabesa de Vaca ne fut cependant pas le premier Européen qui foula le sol du Nouveau-Mexique, et c'est à un missionnaire franciscain, Don José de Basconzalès, que revient l'honneur de la première découverte; seulement le missionnaire, qui était parti seul de Mexico pour aller prêcher l'Evangile aux peuplades inconnues du Nord, ne revint jamais pour raconter son voyage. On connaissait la date de son départ mais on n'avait plus jamais entendu parler de lui, lorsque Cabesa de Vaca et ses compagnons, en se dirigeant toujours vers l'ouest, arrivèrent à l'antique cité de Zuni, située à 190 milles au sud-ouest de Santa-Fé et à dix milles de la frontière actuelle du Territoire de l'Arizona.

Vaca et ses compagnons furent reçus avec des démonstrations d'amitié par les Indiens du pays qui leur donnèrent en présent "des turquoises, des fruits, de la viande séchée, des *couvertes de boeuf*--peaux de buffle--et des émeraudes taillées en pointes de flèches." Ces Indiens habitaient en commun une vaste forteresse construite de briques de boue cuites au soleil, et vivaient d'agriculture, de chasse et de pêche. Après avoir permis à leurs hôtes de se reposer et de se restaurer, les sauvages conduisirent Vaca au pied d'un rocher escarpé qui s'élevait, solitaire, à quelque distance de la ville, et là, gravée sur le flanc de granit, lui montrèrent l'inscription suivante:

Don José de Basconzalès--1526

Le pauvre missionnaire avait passé par là, et c'était tout ce qui restait comme souvenir de son dévouement et de son zèle. Où était-il allé? Comment avait-il péri? Les Indiens l'ignoraient où ne voulaient peut-être pas le dire, s'ils le savaient. Dans tous les cas, cette inscription qui existe encore aujourd'hui marque la date de la première découverte du pays. Treize ans plus tard, en 1539, le vice-roi du Mexique envoya une expédition sous les ordres du franciscain Marco de Niza pour explorer ce que l'on appelait alors le royaume de *Cibola*, ou royaume des buffles, parce que ces animaux paissaient en grand nombre dans tous les territoires situés au nord du *Rio Grande del Norte*. Le missionnaire fit une relation détaillée des circonstances de son voyage aussi bien qu'une description très exagérée des richesses des pays et des peuples qu'il avait visités. Ce fut alors que le gouvernement espagnol résolut de conquérir le pays et, le lundi de Pâques de l'année 1540, une armée de 1,500 hommes partit de Mexico sous les ordres de Francisco Vasquez de Coronado, et se dirigea vers le nord.

LA GORGE TOLTÈQUE

Coronado était l'un des *conquistadores*, un des conquérants, compagnons de Cortez, et on lui avait confié le commandement de cette expédition, parce que l'on croyait qu'il était destiné à conquérir un pays aussi riche que le Pérou. Les récits fantaisistes de Vaca et de ses compagnons, et après eux de Marco de Niza, faisaient croire à la découverte d'un véritable Eldorado, où l'on trouverait l'or, l'argent et les pierres précieuses en grande quantité. Les premiers explorateurs avaient abusé du privilège d'exagérer outre mesure tout ce qu'ils avaient vu et rencontré. Ils avaient parlé de montagnes d'opales, de mines de turquoises, de vallées étincelantes de grenats et d'aigues marines, de ruisseaux coulant sur du sable d'argent, de serpents à *castagnettes*--à sonnettes--d'oiseaux au plumage plus brillant que celui du paon, et d'un désert plus grand et plus terrible que le Sahara.

Les succès merveilleux de Cortez et de Pizarre permettaient aux autorités de croire aux descriptions et aux relations les plus invraisemblables. Aussi fut-ce au son des trompettes et du canon que Coronado partit à la tête de sa vaillante petite armée, après avoir entendu la messe à Notre-Dame de Compostelle. Le vice-roi lui-même, Mendoza, accompagna les troupes durant deux jours de marche, et avant de les quitter, leur fit une exhortation dans laquelle il les engageait à suivre la piste glorieuse des *conquistadores*, qui avaient fait de si grandes choses pour l'honneur de l'Espagne et de la religion. L'historien de l'expédition, Castenada, nous raconte les merveilleuses choses qu'ils virent et qu'ils rencontrèrent partout. Ils passèrent à des endroits "où la terre résonnait et tremblait comme un tambour et où les cendres et la lave bouillonnaient d'une manière infernale." Ils virent "des rochers magnétiques se joindre ensemble sans raison apparente." Ils souffrirent de "tempêtes de grêle où les grêlons, gros comme des oeufs bosselaient leurs casques et leurs armures, et couvraient la terre d'une épaisseur d'un pied et demi." Ils combattirent et vainquirent "des tribus de géants et des Indiens de toutes sortes, mais ils furent heureux de ne pas rencontrer de cannibales."

On voit que le récit homérique de Castenada fut digne des relations légendaires de Cabesa de Vaca, mais on retrace, parmi toutes ces exagérations, la véritable histoire de l'expédition de Coronado. Il réussit à massacrer les indiens, à répandre la terreur dans le pays, à découvrir de nouvelles contrées et à se rendre jusque sur les bords de la rivière Missouri, longtemps avant que les Français eux-mêmes eussent exploré cette partie du continent; mais il ne trouva ni or, ni argent, ni pierres précieuses. Durant trois ans, les vaillants aventuriers parcoururent des pays inconnus, sans pouvoir découvrir les "montagnes d'opales, les mines de turquoises, les vallées étincelantes de grenats et d'aigues marines et les ruisseaux coulant sur du sable d'argent." Il y avait bien des indications et des traces de tout cela, mais il fallait du travail, de la patience et de la persévérance pour forcer la terre à livrer toutes ces richesses. Mais les soldats espagnols, n'avaient aucune de ces vertus, et ils venaient dans le pays bien décidés à forcer les naturels à répéter l'histoire de Pizarre et de la rançon merveilleuse de l'inca Atahualpa. On peut juger de leur déception et de leur désenchantement. L'expédition de Coronado donna cependant à la couronne d'Espagne un territoire cinq fois plus grand que la superficie de l'Espagne elle-même. Quelques missionnaires franciscains demeurèrent dans le pays, mais furent presque tous massacrés par les Indiens, qui voulaient probablement se venger des cruautés de Coronado et de ses compagnons.

En 1581, le frère Agostino Ruyz fut massacré par les sauvages avec un de ses compagnons dans un village connu sous le nom de Paola. En 1582, Don Antonio de Espejo visita les villes et *Pueblos* de Zuni, de Acoma, et écrivit une relation fort intéressante de ses voyages. En 1595, le capitaine Juan de Onate fonda une colonie à l'endroit où la rivière Chama se jette dans le *Rio Grande*, et c'est aussi de cette époque que date la fondation de la *Villa Real de Santa Fé*--ville royale de la Sainte-Foi. Les Espagnols après s'être emparés du pays, commencèrent immédiatement l'exploitation des mines, en réduisant les naturels à l'esclavage et en les forçant à travailler dans les entrailles de la terre. On trouve un peu partout, dans le Nouveau-Mexique, des traces d'exploitation d'anciennes mines d'or et d'argent.

Les Indiens vaincus par la supériorité des armes de leurs conquérants furent d'abord soumis, mais se révoltèrent ensuite et chassèrent leurs oppresseurs du pays, après avoir tué tous ceux qui tombèrent entre leurs mains. Ceci se passait en 1680. Douze ans plus tard, Diego de Vargas, à la tête d'une nombreuse armée, reconquit le pays et rétablit l'autorité espagnole, mais cette fois à la condition que les Indiens retiendraient leur liberté et ne seraient plus forcés de travailler dans les mines. Depuis cette époque jusqu'en 1821, l'histoire de Santa-Fé et du Nouveau-Mexique ne présente rien de remarquable. La révolution de 1821 chassa les Espagnols du pays, et le Mexique devint une république indépendante. Le Nouveau-Mexique fut occupé par les troupes américaines en 1846, et le pays fut définitivement cédé aux Etats-Unis, par le traité de Guadeloupe-Hidalgo, le 2 février 1848.

J'ai déjà dit que les Indiens du Nouveau-Mexique différaient entièrement des autres sauvages du continent, par leurs coutumes, leurs croyances, leur forme de gouvernement et leur manière de vivre en général, et je traiterai ce sujet en commençant par dire un mot de la ville de *Santa-Fé*, qui fut autrefois le centre de ces primitives confédérations, comme elle est restée la capitale du Nouveau-Mexique depuis sa fondation, il y a plus de trois cents ans.

IX

PUEBLOS ET PUEBLOANOS

La ville de Santa-Fé est située à une altitude de 7,044 pieds au-dessus du niveau de la mer et est traversée par le *Rio Santa Fé*, petite rivière que l'on passe à pied sec, généralement, mais qui devient un torrent fort imposant et parfois fort dangereux, à l'époque de la fonte des neiges dans les montagnes environnantes. Santa-Fé a conservé tous les caractéristiques d'une ville espagnole et ne compte guère, aujourd'hui, qu'une population de 10,000 habitants dont les trois-quarts sont d'origine mexicaine. Le saint père Pie IX a érigé Santa-Fé en diocèse comprenant le territoire du Nouveau-Mexique avec les évêchés du Colorado et de l'Arizona comme suffragants; et le premier archevêque, Mgr. J. B. Lamy reçut le pallium, le 16 Juin 1875. Il est assez curieux de constater que l'archevêque et la plupart des prêtres du diocèse, sont français, bien que l'élément français ou d'origine française compte à peine quelques rares représentants en dehors du clergé, dans cette ancienne province espagnole.

A part quelques églises modernes, quelques édifices publics et quelques constructions militaires qui sont de date récente, la ville de Santa-Fé présente aujourd'hui le même aspect qu'elle avait sous le régime autoritaire du vice-roi du Mexique. On y voit la plava mayor où se trouve situé l'ancien palais des gouverneurs, et de longues rangées de maisons construites en adobes, grosses briques de boue cuites au soleil et conservant une couleur terreuse qui donne un aspect triste à toutes ces constructions primitives. La fameuse église de San Miguel, une des plus anciennes du continent américain, existe encore, quoique dans un état assez délabré. On fait remonter sa construction aux premiers jours de la colonie, mais elle fut réduite en cendres lors du soulèvement des pueblos en 1680. Elle fut restaurée lors du retour des Espagnols, et on lit encore aujourd'hui, gravée sur un soliveau, l'inscription suivante, en langue espagnole:

> *Le Marquis de la Pennela reconstruisit cet*
> *édifice avec son serviteur*
> *Don Augustin Florès Vergara*
> *A. D. 1710*

« SIERRA BLANCA » LA PLUS HAUTE MONTAGNE DU COLORADO

On voit aussi, au-dessus du maître-autel, un vieux tableau de l'Annonciation, noirci par l'âge et portant toutes les marques de la plus haute antiquité. La date inscrite au dos porte le millésime de 1287. Le prêtre qui m'accompagnait ne connaissait pas l'histoire de cette curieuse peinture, mais il m'assura qu'il n'avait aucun doute sur l'authenticité de la date, car son prédécesseur, qui était un vieux moine espagnol fort érudit, lui avait souvent dit qu'il considérait ce tableau comme une des plus anciennes peintures religieuses qu'il y eut au monde. Tout près de l'église de *San Miguel*, on montre encore aux visiteurs une vieille maison qui faisait partie de la forteresse indienne des pueblos de Analco lorsque les Espagnols s'emparèrent du pays.

Santa-Fé était autrefois, comme elle l'est d'ailleurs encore aujourd'hui, le centre ou la capitale des villages indiens que Vaca, Coronado, Espejo et Onate découvrirent à différentes époques, dans la vallée du *Rio Grande*. Les Indiens vivaient dans des maisons à deux ou trois étages, construites de pierres ou de briques de boue, rangées en quadrilatères en forme de forteresses, afin de protéger les habitants contre les incursions des tribus des montagnes qui vivaient de brigandages et de déprédations. Les Espagnols donnèrent à ces villages le nom de *Pueblos* et à leurs habitants celui de *Puebloanos*. Tels ils vivaient alors, tels ils vivent encore aujourd'hui, cultivant le sol et récoltant le maïs, les légumes et le coton. Ils chassaient aussi le bison, le chevreuil et l'ours, qui abondaient dans les plaines et dans les montagnes environnantes, mais ils s'éloignaient rarement de leurs *pueblos* par crainte des cruels *Apaches* et des*Navajos*, avec qui ils étaient en guerre continuelle. On leur donnait aussi le nom général de *Moquis* qui signifie chaussures, parce que ces nations connaissaient l'art de tanner et, préparer les cuirs pour s'en faire des chaussures.

Cabeza de Vaca, le premier explorateur, raconte qu'en se dirigeant vers le nord-ouest, il rencontra des peuplades "vivant dans des habitations de grande dimensions, construites de terre, situées sur les bords d'une rivière qui coulait entre deux chaînes de montagnes." Il parle de la bravoure et de la haute stature des hommes qui étaient vêtus de costumes de peaux de bêtes bien préparées, et des femmes qui portaient des vêtements de coton et qui lavaient leurs costumes avec une racine savonneuse qui les nettoyaient bien proprement. Ces sauvages reçurent les blancs avec les plus grandes démonstrations d'amitié et leur rendirent hommage comme aux fils du soleil. Les mères apportaient leurs enfants pour les faire bénir et touchaient humblement les vêtements des étrangers, croyant par là obtenir des faveurs surnaturelles.

Ceci se passait en 1528. Le franciscain Niza, qui vint quelques années plus tard, raconte à peu près les mêmes faits, en les exagérant et en affirmant que les Indiens possédaient des vases d'or et d'argent en plus grande abondance que les Incas du. Pérou.

"Suivant toujours l'inspiration du Saint-Esprit, j'arrivai au haut d'une montagne où, avec l'aide des Indiens, je construisis une pyramide de pierres, pour y placer une croix, symbole de la foi et de la conquête. Ces peuples devinrent alors l'héritage de Dieu et de l'Espagne et je donnai à la nouvelle province le nom de *El Nuevo-Regno de San Francisco*--Nouveau Royaume de Saint-François."

Et depuis cette époque saint François est resté le patron du Nouveau-Mexique. Castaneda qui accompagnait l'expédition de Coronado, en 1540, comme historien, raconte que:

"Les chefs dirent à Coronado, que leurs villages étaient plus anciens que la mémoire de sept générations. Les femmes portaient des manteaux de coton qui étaient attachés autour du cou et passaient ensuite sous le bras droit, pour tomber sur des jupons aussi fabriqués de coton. Elles portaient aussi des perles sur la tête et des colliers de coquillages autour du cou.. Elles arrangeaient leurs cheveux derrière la tête dans la forme d'une roue ou de l'anse d'une tasse."

Antonito de Espejo, quarante ans plus tard en 1582, écrivait ce qui suit:

"Nous trouvâmes partout des maisons bien construites et ayant à l'intérieur des poêles de pierre, pour la saison d'hiver. Les habitants sont vêtus de coton et de peaux de daims, selon la manière des Indiens du royaume du Mexique. Mais ce qu'il y a de plus étrange c'est de voir les hommes et les femmes porter des souliers, ce qu'on ne voit jamais parmi les Indiens du Mexique. Les femmes peignent leurs cheveux avec soin et ne portent rien sur la tête. Dans tous ces pueblos il y a des caciques qui gouvernent comme les caciques du Mexique et qui ont des sergents-d'armes qui proclament leurs ordres et leurs commandements et qui veillent à leur exécution. Dans leurs champs qui sont vastes et nombreux. Ils construisent des abris couverts de terre où les travailleurs mangent et se reposent pendant les grandes chaleurs du jour, car ce sont des nations adonnées à un travail constant et régulier. Les armes dont ils se servent sont des arcs et des flèches avec des pointes de silex qui traversent une cotte de mailles; aussi des manacas ou épées dont la tranche est aussi faite de silex et avec lesquelles ils peuvent couper un homme en deux. Ils ont aussi des boucliers faits de peaux de bison."

Villanueva écrivait cent ans plus tard:

"Il est indubitable que les habitations des *pueblos* sont mieux construites que celles des autres Indiens du Mexique et que leurs habitants sont plus civilisés et plus industrieux que les autres peuplades que nous connaissons."

La forme de gouvernement de ce curieux peuple est aussi restée exactement ce qu'elle était lors de la première conquête. Les gouverneurs espagnols respectèrent leurs us et coutumes, lorsqu'ils virent qu'il était parfaitement inutile d'essayer de les soumettre aux usages européens. Ce ne fut pas, cependant, sans luttes et sans persécutions que ces pauvres Aztèques réussirent à conserver leurs traditions, et l'histoire du premier siècle de leur esclavage est une longue suite de cruautés inutiles et de persécutions sanglantes.

Les Espagnols voulurent agir avec les *puebloanos* comme ils l'avaient fait avec les Mexicains et avec les Péruviens. On les réduisit en esclavage et on les força à travailler dans les mines, où ils succombaient le plus souvent sous le poids d'un labeur surhumain. On les contraignit à embrasser le christianisme par la torture et la prison, et on renversa les autels de leurs dieux domestiques. La supériorité des armes européennes leur en imposa d'abord et ils endurèrent ainsi durant cent ans le régime tyrannique de leurs oppresseurs. Mais il arriva un jour où la mesure fut à son comble, et pendant "la première lune du mois d'août 1680", il y eut un soulèvement général, pendant lequel tous les Espagnols furent massacrés, toutes les églises furent démolies et réduites en cendres et toutes les traces du régime exécré furent oblitérées. Les quelques militaires qui purent s'enfuir se dirigèrent en grande hâte vers Mexico, où ils racontèrent ce qui venait de se passer dans la capitale de la Nouvelle-Espagne.

Plusieurs expéditions furent organisées pour reconquérir le pays; mais elles subirent d'abord des échecs répétés. Les capitaines Otermin, Ramirez, Cruzate et Posada furent tour à tour vaincus par les habitants des pueblos qui s'étaient réunis en armes pour combattre l'ennemi, commun dont ils connaissaient alors la tactique et les manières de faire la guerre. Ce ne fut qu'en 1692, grâce aux divisions intestines qui existaient alors parmi les Indiens, que Diego de Vargas réussit à rétablir l'autorité de la couronne d'Espagne. Mais un traité en règle accordait cette fois aux *Puebloanos* la restauration de leur forme primitive de gouvernement, les exemptait de l'esclavage et du travail dans les mines et permettait le libre usage de leur culte à ceux qui n'avaient pas jugé à propos d'embrasser le christianisme.. Ce même Diego de Vargas avait cependant déclaré, en quittant Mexico "qu'il était aussi impossible de convertir un sauvage sans les soldats que d'essayer de faire entendre raison à un juif sans le tribunal de la sainte Inquisition." On voit que le vaillant*capitan* avait été forcé d'en rabattre, et qu'il fut fort heureux d'accepter la soumission des Indiens, tout en leur accordant des privilèges fort libéraux, à une époque où l'Espagnol ne régnait en Amérique que par la terreur et la persécution. Les *Puebloanos* avaient donc fait preuve d'une grande valeur et s'étaient montrés aussi braves soldats qu'ils étaient bons laboureurs et sages administrateurs.

L'AIGUILLE DE CURRICANTI

Les *pueblos* du Nouveau-Mexique sont actuellement au nombre de dix-neuf, formant autant de communes absolument indépendantes les unes des autres, et ayant chacune son organisation municipale. Voici la liste complète de ces villages avec leur population d'après le dernier recensement décennal de 1880:

Taos	391
San Juan	408
Santa-Clara	212
San Idelfonso	139
Pecuris	1,115
Nambè	66
Pojuaque	26
Tesuque	96
Sochiti	271
San-Domingo	1,123
San-Felipe	613
Temez	401
Zia	58
Santa-Anna	489
Laguna	968
Isoleta	1,081
Sandia	345
Zuni	2,082
Acoma	582

Le tout formant une population totale de 10,469 habitants. Ces chiffres sont aussi exacts qu'il a été possible de les contrôler; mais ils sont probablement au-dessous de la vérité. Les Indiens sont en général fort réticents sur tout ce qui les concerne et la discrétion n'est pas la moindre de leurs vertus. Il est hors de doute que le nombre des *Puebloanos* diminue graduellement, comme l'attestent d'ailleurs les nombreuses ruines de villages inhabités que l'on rencontre un peu partout dans les vallées du *Rio Grande* et du *Rio Pecos*, qui sont les deux principales rivières du Nouveau-Mexique. Les premiers explorateurs portaient leur nombre à plus de 50,000, mais il faut sans doute faire la part de l'exagération dans leurs calculs comme dans leurs appréciations fantaisistes. Ce qui paraît certain c'est que les *Puebloanos* semblent suivre la destinée fatale de tous les indigènes des deux Amériques, qui disparaissent devant l'avancement des chemins de fer et les progrès de la colonisation moderne.

Chaque village ou *pueblo* est gouverné par un cacique qui est en même temps chef de la commune, grand-prêtre du culte de Montezuma et directeur général des affaires temporelles et spirituelles des habitants. Le cacique choisit lui même son successeur dès qu'il prend possession du pouvoir, mais l'on ignore l'origine de cette coutume, qui remonte à la plus haute antiquité. Le cacique est aidé d'un gubernador, de trois *principales*, d'un *alguazil*, d'un *fiscal mayor* et d'un *capitan de la guerra*. Les *principales* forment une espèce de cabinet et sont les conseillers du cacique, qui choisit chaque année, sur leur recommandation, un *gubernador* ou gouverneur. Les *principales* sont toujours d'anciens gouverneurs. L'*alguazil* est une espèce de haut shérif qui veille à l'exécution des lois. Le *fiscal mayor* préside aux cérémonies religieuses, et le *capitan de la guerra* est chargé du commandement en chef et de l'organisation des expéditions guerrières. On voit que le ministère est assez complet. Mais ce qui distingue les ministres sauvages de leurs collègues des autres parties du monde, c'est qu'il ne reçoivent aucun traitement ni aucune compensation quelconque. Tous sont forcés de cultiver la terre et de gagner leur pain à la sueur de leur front. Combien de politiciens de profession, en Europe comme en Amérique, au Canada même, crèveraient de faim, s'ils étaient forcés de subir ce régime ultra-démocratique! Toute tribu ou *Pueblo*, si réduite qu'elle soit en population, a ce même nombre de chefs, tous fils de Montezuma, et il n'est pas de peuple au monde qui conserve d'une manière plus fidèle et plus méticuleuse, les traditions et les lois de ses ancêtres. Bien que le plus grand nombre des *Puebloanos* soient catholiques, leur croyance est restée un curieux mélange de christianisme et de paganisme, qu'il serait difficile d'analyser. Ils réunissent dans un même sentiment d'adoration le Christ et le soleil, la Vierge et la lune, les saints et les étoiles. L'arc-en-ciel est l'objet d'un culte tout particulier.

Le nom de Montezuma, le père des Aztèques, est un nom sacré entre tous, et chaque *pueblo* entretient un brasier sacré, dans l'attente de la venue de ce Montezuma qui doit les conduire à la conquête de l'empire du Mexique, où il régnera dans une splendeur éternelle. La grenouille, le serpent à sonnettes et la tortue sont des emblèmes sacrés, et malheur à ceux qui les profaneraient en les touchant, même par accident. Toutes ces croyances et ces superstitions ont résisté aux efforts des missionnaires qui sont forcés de se contenter du peu d'influence qu'ils ont pu acquérir sur ces sauvages, en leur inculquant des principes de moralité, pour leur conduite ordinaire. Les mendiants et les vagabonds sont inconnus dans les *pueblos*. Tous lés hommes, sans exception, s'occupent de la culture des champs, et les femmes sont chargées des devoirs domestiques, sans être forcées, comme dans les autres tribus sauvages, de faire les travaux, les plus rudes et les plus asservissants. Les vieillards, les malades et les infirmes sont nourris et entretenus aux frais de la commune. On voit que ces institutions ont du bon, et qu'il y a bien des nations soi-disant progressives qui pourraient prendre des leçons de gouvernement de ces enfants d'une civilisation préhistorique.

X

SANTA-CLARA--SAN-JUAN--TAOS

A six heures au nord de Santa-Fé, se trouve située la gare de Espanola, sur la ligne du *Denver et Rio Grande Railway*. Le chemin de fer suit ici les sinuosités du fleuve jusqu'à Embudo, à cinquante milles plus haut, et c'est dans cette vallée fertile que sont situés les trois *pueblos* de San-Juan, de Santa-Clara et de San-Idelfonso. Le petit village de Espanola est le centre commercial du pays, et j'ai rencontré là deux Canadiens de Lachute qui ont des magasins spacieux et qui font un commerce fort important avec les cultivateurs et les éleveurs des environs. Ceci m'amène naturellement à constater ici que j'ai rencontré des compatriotes partout où je me suis trouvé jusqu'à présent, soit au Colorado ou au Nouveau-Mexique; et les familles des Beaubien, des Mercure, de Saint-Vrain et des Cloutier sont bien connues dans la vallée du *Rio Grande del Norte*. La veuve du premier gouverneur du territoire est une Beaubien, et elle vit encore à Taos. Son mari, le colonel Bent, fut tué par les Mexicains, dans l'insurrection qui suivit l'occupation du pays par les troupes américaines, en 1847.

Les villages indiens se ressemblent tellement,--par les habitations, les traditions, la manière de cultiver la terre et la manière de vivre de leurs habitants,--qu'il suffit réellement d'en visiter un seul pour se former une juste idée de tous les autres. Aussi ne mentionnerai-je qu'en passant ma visite à San-Juan, à Santa-Clara et à San-Idelfonso, pour m'occuper plus longuement de mon voyage à Fernandez de Taos.

Le *pueblo* de Taos est un des plus curieux et l'un des plus importants du pays, et les édifices remarquables où vivent aujourd'hui les *Puebloanos* sont de la plus haute antiquité. Ce *pueblo*, situé à vingt-deux milles d'Embudo, est relié à la gare par un service de diligences, mais je préférai faire la route à cheval, en compagnie de deux artistes américains, qui avaient eu la bonne idée de venir faire des études et des croquis dans cette contrée pittoresque.

Le pays entre Embudo et Taos n'offre rien de remarquable. On passe en route deux ou trois hameaux mexicains et quelques *haciendas*. Les habitants nous regardent passer avec cette indifférence simulée ou réelle qui distingue les métis espagnols. A la porte de chaque masure construite en adobes, on voit de longues grappes de piment rouge arrangées en festons, et qui relèvent la monotonie et l'uniformité de la couleur boueuse qui distingue toutes les habitations du pays. Le piment mêlé à la viande de boeuf-- *chili con carne*--forme avec les tortillas, espèce de crêpes de maïs, les deux principaux mets de la cuisine mexicaine, et gare à la bouche de l'étranger qui, sans défiance, attaque un plat de *chili con carne*, sans y mettre toute la modération nécessaire. Autant vaudrait assaisonner une assiettée de soupe ordinaire d'une grande cuillerée de poivre rouge. Cela vous emporte la bouche du coup. C'était là, pour moi, une vieille expérience chèrement acquise pendant mon service militaire au Mexique; mais il n'en était pas de même de mes deux compagnons, qui ne connaissaient pas encore les habitudes du pays. On leur en avait servi au déjeuner. Ils en furent quittes, cependant, pour une soif dévorante qui les poursuivit jusqu'à Taos, et ils jurèrent un peu tard qu'ils se contenteraient, à l'avenir, des mets ordinaires de leur cuisine nationale. Nous arrivâmes dans la vallée de Taos vers les cinq heures du soir, au moment où le soleil disparaissait derrière les montagnes de l'Occident, et nous fûmes enchantés de trouver bon gîte et bon couvert dans une auberge fort confortable tenue par un Irlandais nommé Dibble, qui vit dans le pays depuis de longues années. Fernandez de Taos est une petite ville de 1,500 habitants, qui fut la première capitale du Nouveau-Mexique, après la cession du pays aux Etats-Unis. Ici vécut pendant de longues années et mourut, le 23 mai 1868, à l'âge de cinquante-neuf ans, le célèbre scout, trappeur et guide, Kit Carson. Son corps repose dans l'humble cimetière de Taos, mais ses compatriotes lui ont élevé un monument sur une des places de Santa-Fé.

LE "PUEBLO DE TAOS"

A deux milles du village et immédiatement au pied du Mont Taos, se trouvent situées les deux grandes maisons communales du pueblo, se faisant face sur les rives d'une petite rivière qui descend de la montagne, et où vivent en commun à peu près quatre cents Indiens. Ces maisons ont quatre étages et sont construites en pyramide tronquée; c'est-à-dire que chaque étage forme une terrasse et que le tout ressemble assez à une série de maisons d'inégale grandeur, superposées, la plus grande servant de base à la deuxième qui est plus petite, et ainsi de suite jusqu'à la cinquième, qui n'est qu'une tour où se tient constamment, nuit et jour, la vigie qui doit annoncer l'arrivée du grand Montezuma, qui est le messie des *Puebloanos*. Cette tradition est respectée dans tous les *pueblos*. Les missionnaires n'ont jamais pu convaincre ces pauvres Indiens de l'inutilité de leurs veilles et de leur attente naïve. Et il a plus de trois cents ans que l'Evangile leur fut prêché pour la première fois.

Les maisons communales de Taos n'ont ni portes ni fenêtres au premier étage, et l'on est forcé de grimper par des échelles jusqu'au sommet, pour descendre ensuite dans les chambres intérieures par le même moyen, et à travers des trous percés sur la première terrasse. On construisait ainsi pour se protéger contre les surprises et les attaques nocturnes des Indiens des montagnes, avant la conquête espagnole, et l'on continue la tradition sans s'occuper de ce qu'un boulet de canon pratiquerait facilement une ouverture dans les murs de terre de cette forteresse primitive. Mais comme je l'ai déjà dit, les *Puebloanos* ne s'occupent que fort peu des progrès modernes, et c'est chez eux que l'on met en pratique le vieux proverbe: tels pères, tels fils. Au centre du premier étage et immédiatement au-dessous du deuxième, se trouve située la salle du conseil, où se réunissent les chefs et où l'on entretient le feu sacré.

L'entrée en est interdite aux femmes de la tribu et aux étrangers. C'est là que se pratiquent les rites d'un culte dont on ne connaît guère les dogmes et les cérémonies; mais il est généralement admis que c'est un curieux mélange de traditions païennes et de cérémonies chrétiennes. Les blancs du pays avouent franchement ne connaître rien de précis, à ce sujet --et les missionnaires eux-mêmes ne paraissent pas en savoir beaucoup plus long,--On célèbre chaque année, par des jeux, des danses, des courses et des réjouissances publiques, la fête de saint Jérôme que les Indiens ont adopté comme patron, et tous les *pueblos* de la vallée du *Rio Grande* envoient des députations pour prendre part à la cérémonie. On m'a dit que c'était là une occasion unique d'étudier les coutumes et les traditions religieuses des *pueblos*, et j'ai regretté vivement de ne pouvoir être témoin de ces fêtes populaires, qui se célèbrent le dernier jour du mois de septembre de chaque année. Je me suis cependant bien promis, si jamais l'occasion s'en présentait, de revenir à Taos à cette époque de l'année, car j'avoue que tout ce qui touche à ces Indiens pique vivement ma curiosité. J'ai visité en détail tous les appartements--à l'exception de la salle du conseil--d'une des maisons communales, sous la conduite de l'*alguazil* ou haut shérif. J'y ai été reçu avec la plus grande politesse; je pourrais même dire avec la plus grande cordialité, surtout par une foule de bambins absolument nus qui nous suivaient partout, nous regardant avec curiosité et acceptant volontiers les pièces de cinq sous que nous leur offrions comme cadeaux.

CHEZ LES PUEBLOS

LA VIEILLE EGLISE DE SAN JUAN

L'ameublement des différentes pièces présentait la plus grande simplicité. Des peaux d'ours, de loup ou de panthère, étendues sur le parquet cimenté, servaient de lit pendant la nuit et de tapis pour s'asseoir pendant le jour. Quelques pierres calcinées dans un coin pour le foyer, et des vases en terre cuite de différentes grandeurs, composaient uniformément chaque batterie de cuisine. Les femmes accroupies sur leurs talons tricotaient des mitasses de laine ou brodaient avec des grains de verroterie des bonnets, des souliers, des ceinturons ou des gilets de peau de chevreuil, en fumant des cigarettes de feuilles de maïs. Les hommes, presque tous absents, travaillaient aux champs, ou étaient dans la montagne voisine, occupés à couper du bois qu'ils transportaient à dos d'âne, pour entretenir le feu sacré de la salle du conseil et pour faire bouillir les marmites des familles de la commune. La tranquillité la plus absolue régnait partout, et les enfants eux-mêmes s'amusaient sur les terrasses avec cet air d'indescriptible mélancolie et de paresseuse nonchalance qui distingue tous les habitants des anciennes colonies espagnoles.

Les filles se marient très jeunes et perdent très vite toute trace de jeunesse et de beauté. J'ai vu des femmes de vingt-cinq ans qui paraissaient plus vieilles, plus cassées et plus ridées que nos femmes du nord, à l'âge de soixante ans. Elles travaillent continuellement nu-tête, sous les rayons brûlants d'un soleil tropical; la raréfaction de l'atmosphère, à cette altitude, a d'ailleurs pour effet, me dit-on, de sécher et de rider la peau d'une manière désastreuse pour la beauté des femmes. S'il existe des difficultés intestines ou des querelles de famille dans le *pueblo*, l'étranger n'en sait jamais rien, et tout se règle à l'amiable par l'autorité du cacique et de ses officiers. Toute la vie intime de la communauté repose sur le culte sacré des traditions et dans l'observation des rites, des coutumes et des lois transmises par les ancêtres. En hiver, l'occupation principale des *Puebloanos* est la répétition et l'exercice des danses nationales, sous la direction du *fiscal mayor*, pour les fêtes et les cérémonies religieuses de la belle saison. Deux des principales danses sont la *cachina*, qui correspond à un service d'action de grâce, et la *you-pel-lay* ou danse du maïs, qui a lieu, chaque année, à l'époque de la récolte de cette plante. Un des amusements les plus en vogue est la chasse du lièvre, qui abonde partout au Nouveau-Mexique. On chasse le lièvre à pied et à coups de bâton, ce qui doit être assez difficile, mais on m'a dit que les

Puebloanos sont fort adroits à cet exercice et qu'ils y prennent un plaisir immense; toujours, naturellement, parce que leurs ancêtres chassaient le lièvre de cette manière primitive et lorsqu'il est si facile, aujourd'hui, de l'abattre à coups de fusil!

Les habitants des *pueblos* se servent généralement entre eux de différents idiomes dérivés de la langue aztèque; mais il est très curieux de constater qu'ils ne se comprennent pas toujours d'un village à l'autre, sans le secours de la langue espagnole, qu'ils parlent plus ou moins correctement. Chaque habitation ou plutôt chaque centre d'habitations, possède un langage différent, et les *Puebloanos* de Zuni, de Picuris, de Isoleta et de San-Domingo, ne se comprennent entre eux qu'à la condition de parler espagnol. Leur langue mère est devenue tellement corrompue au contact des autres tribus sauvages, qu'il s'est formé des patois particuliers à chaque *pueblo*. Ce qui explique la chose et ce qui paraît cependant fort étonnant, c'est que les habitants des villages ne se visitent que très rarement entre eux; ce qui les distingue des tribus nomades qui les entourent. Le *Puebloano* paraît heureux et satisfait de vivre dans sa commune, et ne s'occupe jamais de ce qui se passe au dehors.

Les mariages se font toujours entre les habitants d'une même organisation communale, et l'on attribue à cette cause la décroissance et l'étiolement de la race. Il est absolument certain que cette nation curieuse comptait autrefois une très nombreuse population, car on trouve un peu partout, dans le Nouveau-Mexique et dans l'Arizona, des vestiges et des ruines de *pueblos* abandonnés longtemps avant la conquête. Les premiers explorateurs font tous mention de ces ruines, dans leurs relations de voyage, et les Indiens eux-mêmes dans leurs traditions parlent constamment de la gloire, de la grandeur et de la richesse du royaume de Montezuma. Cette tradition paraît être la base principale de leur organisation politique et religieuse; mais l'histoire de ces peuples restera à jamais ensevelie dans la plus grande obscurité. Ils paraissent destinés, comme les autres nations indigènes des deux Amériques, à disparaître tôt ou tard devant le progrès moderne; mais il n'en reste pas moins acquis, qu'ils ont atteint dans le passé, comme ils possèdent d'ailleurs encore aujourd'hui, un degré de civilisation supérieur, à tous les points de vue, à l'état sauvage et nomade des autres tribus du continent américain, toujours à l'exception de leurs frères du Mexique, qui avaient fondé l'empire de Montezuma et de Guatimozin.

LES PORTES DE LADORE

Le rapport suivant, adressé à l'institut archéologique de Washington, sur les pueblos par le professeur Ad. F. Bandelier, complétera les renseignements que j'ai pu obtenir sur ces intéressantes populations indigènes.

Fort Huachica, Territoire d'Arizona,
15 février 1884.

A l'honorable W. G. Ritch, secrétaire du Territoire
du Nouveau-Mexique, à Santa-Fé, N.-M.

Cher monsieur,

Conformément à vos désirs, je vais vous soumettre une description rapide et nécessairement incomplète des ruines des aborigènes dissimulées dans la contrée de Santa-Fé. Cet essai sera forcément imparfait, puisque je n'ai point visité tous les recoins du pays, et parce que, d'ailleurs, les matériaux que j'ai recueillis sont aujourd'hui bien loin de ma portée. Aussi vous prierai-je d'avoir égard à ces circonstances en présence des défectuosités qui abondent dans mon travail.

Lorsqu'on fait la classification des ruines, on doit inclure dans la première division les villages qu'on sait avoir été occupés dans le cours du seizième siècle, et dans la seconde, ceux sur le compte desquels on n'a pas de renseignements officiels, et qui, par conséquent, devaient être abandonnés avant l'année 1540.

Les ruines de la première division sont toutes du même type; c'est celui du *pueblo* communal, résidence à plusieurs étages, tel qu'on en trouve encore habitées par les aborigènes sédentaires du Nouveau-Mexique.

La seconde classe comprendra deux types--celui dont il vient d'être question, et le type de la demeure familiale détachée, formant des villages avec maisons quelque peu éparpillées. Les constructions de grottes servant d'abris représentent les modifications de l'une ou de l'autre de ces deux classes.

En 1598, date de la première colonisation par l'Espagne, et avant cette époque, lorsque des explorateurs espagnols qui ne faisaient que passer--sous Coronado, de 1540 à 1543; sous Francisco Sanchez Charnuscado en 1580; sous Espejo en 1583, et sous Gaspard Castano de Sosa en 1590;--traversant quelques parties du comté de Santa-Fé, il y avait dans certains coin de ce territoire trois groupes distincts d'Indiens. C'étaient les Queres à l'Ouest, les Tanos au Sud et les Tehuas au Nord et au centre. Les deux derniers groupes parlaient un langage qui n'était qu'un dialecte d'une langue commune à ces peuples.

Les Queres ont habité jusqu'en 1689 une localité de la Ciénega ou Ciéneguilla, sur la route de la Pegna Blanca. Leur village, dont il n'existe pas même de trace, avait reçu le nom de *Chi-mu-a*. C'était l'avant-poste oriental de la grande famille du Rio Grande de cette tribu.

Les villages tanos sont complètement abandonnés aujourd'hui, la plus grande partie de leurs habitants étant allés s'établir au Moqui après 1694, et ceux qui étaient restés ayant été emportés par la petite vérole au commencement de ce siècle. Les ruines de *Galisteo*,--non pas du village actuel, mais celles qui se trouvent à un mille et demi au nord-est de ce dernier, au nord de Creston,--celles de *San-Cristobal*, de *San-Cazaro*, de *San-Marcos*, et probablement aussi celles de la *Garita* dans la ville même de Santa-Fé, appartenaient à cette tribu. Les noms indiens de ces villages me sont inconnus, à l'exception de celui du *pueblo* de Santa-Fé, qui portait le nom de *Po-o-ge*. Le *pueblo* de la *Tuerto* près de Golden City, et celui de la *Tunque*, en face de Santo-Domingo et de San-Felipe, étaient habités également par les Tanos,--la première de ces localités avait assurément ces Indiens pour habitants, en 1598.

Des *pueblos* tehua il n'y en avait qu'un seul,--celui d'*Oj-qué*, ou de *San-Juan*,--qui fût sur la rive gauche du Rio Grande, à peu près sur son emplacement actuel. Les villages de Nambe, de Tezuque, (*Te-tzo-ge*) de Pojuaque (*Po-zuan-ge*,) et de Cuya-mun-ge étaient, en 1598, des hameaux insignifiants; mais ils s'accrurent rapidement pendant l'ère de prospérité générale pour les *pueblos* qui finit en 1680.

Les principaux établissements des Tehuas se trouvaient sur la rive droite du fleuve, et ne formaient pas moins de dix villages.

Il n'y en a qu'un seul qui existe encore sur son emplacement primitif; c'est celui de Santa-Clara (*Ca-po*). San-Idelfonso (*O-jo-que*) est situé à environ un mille du *Bo-ve* de 1598.

Les *pueblos* de *Troo-maxia-qui-no* (Pajaritos), de *Camitria*, de *Quiotraco*, d'*Axol*, de *Junetre*, etc., aujourd'hui en ruines, sont également dans le comté du Rio Arriba. C'est aussi dans ce comté que se trouve Yunque, sur le Rio Chama, où fut fondé, le 1er septembre 1598, le premier établissement des Espagnols au Nouveau-Mexique.

Les Tiguas--c'est-à-dire les Indiens qui parlent le dialecte de Sandia et d'Isleta--touchaient la frontière sud-ouest du comté, par leurs deux pueblos du vieux San-Pedro, qui furent abandonnés après 1680, et sont à présent en ruines.

Les habitants de la vallée du Pecos, dont le centre était au grand village de *A-gu-yu* (là ou s'élève à présent la vieille église de Pecos), n'avaient pas poussé leurs établissements jusqu'au comté même de Santa-Fé.

Au sujet des ruines qui étaient habitées et qui furent abandonnées avant le seizième siècle, on peut dire que le plus ancien type,--celui de la famille détachée, groupée en hameaux irréguliers ou isolés,--n'est pas très commun. Un village de ce genre, indiqué seulement par des mounds et des fragments de poterie, peut se voir encore à la station de Lamy, au Fort Marcy (de Santa-Fé), et dans des constructions isolées ou de petits groupes qui sont dissimulés dans quelque localités, mais qui sont assez rares. On ne voit pas souvent à présent ce genre d'architecture aborigène auquel on a donné le nom de *cliff-houses*, ou de petites grottes avec maçonnerie. Mais l'autre classe, celle de la maison commune, compacte, haute de plusieurs étages, se trouve encore représentée par des ruines nombreuses.

En partant du sud, on trouve la ruine de Valverde, près de Golden. Une chaîne de quatre beaux villages, dont quelques-uns sont très grands, s'étend de l'ouest à l'est, à une distance moyenne de cinq milles de Galisteo, le long du Cresto méridional. Ce sont le Pueblo, le Largo, le Pueblo Colorado, le Pueblo de Shé, et le Pueblo Blanco.

A deux milles et demi, à l'est-nord-est de Wallace, se trouve un grand village. Il y en a deux autres sur l'Arroyo Hondo, à une distance de cinq à six milles au sud de Santa-Fé, un petit en avant de la gorge rocheuse, et l'autre assez grand, en aval.

La route de Pegna Blanca coupe les fondations d'un petit *pueblos* qui est près d'Agua Fria, à six milles au nord de Santa-Fé. Je connais au moins trois ruines de ce genre. A l'est et au sud-est de Tezuque, vers la Sierra, se trouve la ruine de *Pio-ge* à Los Luceros, d'où partirent les Indiens de San-Juan pour s'établir dans la localité qu'ils occupent à présent. Cette liste de douze localités n'est que le total approximatif des ruines de ce genre.

Vers l'ouest, au-delà de Rio Grande et vis-à-vis de la partie septentrionale du comté, les énormes cagnons de la Sierra del Valle s'élargissent dans la direction de Santa Clara. On a creusé en plusieurs endroits le tuf volcanique et friable dont se composent leurs parois, afin de former des grottes artificielles, la plupart de petites dimensions. Chaque groupe de grottes représente à lui seul un *pueblos*, et imite, autant que cela lui est possible, le système du village communal à plusieurs étages.

D'autres ruines du même genre occupent les faîtes des *mesas*, ainsi que la base du cagnon. Ces anciennes résidences dans des grottes qui, par la nature même de la roche, étaient plus aisément creusées que les maisons proprement dites ne pouvaient être construites, sont considérées par les Tehuas comme ayant servi de demeure à leurs ancêtres, avant que la tribu descendît dans la vallée de Rio Grande.

Il y a, par conséquent, une relation historique entre ces Indiens et les établissements au Nord du comté de Santa-Fé. C'est cette relation qui explique pourquoi il en a été fait brièvement mention dans ces pages.

Je suis,

Votre très humble serviteur,

Ad. F. Bandelier,
Chargé des recherches de l'Institut
archéologique d'Amérique.

XI

LES "PENITENTES"—LES "CLIFF-DWELLERS"

Le comté de Taos est aussi célèbre, aujourd'hui, par ses *penitentes* que par ses *pueblos* et si les autorités respectent les traditions des Indiens et leur accordent la plus grande latitude dans l'exercice de leur rites absolument inoffensifs, elles ont été forcées d'intervenir pour supprimer, en grande partie du moins, les pratiques cruelles et barbares de quelques illuminés emportés par le fanatisme religieux.

C'est une vieille coutume espagnole que celle des processions de la semaine sainte. La tradition la fait remonter à l'époque où l'Espagne fut reconquise sur les Arabes.

On raconte qu'autrefois on louait pour ces cérémonies une victime volontaire, un homme qui représentait la personne du Christ, et était fouetté de verges dans les rues. En ce temps-là, des pénitents, le visage voilé, mais le buste nu, suivaient le cortège en se flagellant jusqu'au sang, et, pour mettre un terme à ces démonstrations d'une dévotion exagérée, il fallut une ordonnance du roi Charles III.

Ici, la société des *pénitentes* se recrute parmi les métis mexicains, et elle a pour but la célébration, chaque année, des fêtes de la Passion, par des cérémonies d'un caractère aussi brutal que peu conforme aux règlements de l'Eglise. Le temps du carême est pour ces pauvres fanatiques l'occasion de jeûnes et de pénitences incroyables, et chaque vendredi, ils se réunissent dans la montagne pour se flageller mutuellement avec des branches de cactus couvertes d'épines ou avec des fouets dont les mèches multiples ont des pointes d'acier qui enlèvent des morceaux de chair à chaque coup. Et ce n'est encore là que le prélude des tortures effroyables qu'il vont s'infliger pendant la semaine sainte, où ils répètent littéralement les différentes phases du martyre de l'Homme-Dieu, jusqu'au crucifiement de l'un ou de plusieurs des leurs, en grande pompe, le vendredi-saint, sur une des collines sacrées, où l'on a construit des chapelles ou calvaires, et que l'on appelle *casas de los penitentes*, maisons des pénitents.

LES PENITENTS — LE CHEMIN DE LA CROIX
D'après une photographie

LES PENITENTS — LE CRUCIFIEMENT
D'après une photographie

Ces chapelles sont remplies de croix que les *penitentes* ont traînées ou portées sur leurs épaules depuis nombre d'années, jusqu'à des distances considérables; et il faut vraiment voir et soulever ces croix, pour se faire une idée de leur grandeur et de leur poids. J'en ai mesuré une, par curiosité, qui avait vingt-cinq pieds de long, et qui pesait huit cents livres; les plus petites n'en pesaient pas moins de trois cents; et elles étaient toutes couvertes du sang des pauvres victimes qui s'étaient sacrifiées volontairement, pour l'expiation de leurs péchés, jusqu'à souffrir le supplice du Christ. On formait une procession sous la direction d'un chef, qu'on appelait: *el hermano mayor* et qui exerce l'autorité la plus absolue sur chaque confrérie, et aux sons aigus d'un fifre champêtre, on faisait souffrir successivement et littéralement aux victimes toutes les phases de la Passion, y compris le couronnement d'épines, la flagellation et le supplice du calvaire. On clouait ces pauvres illuminés sur les croix, en leur enfonçant des clous dans les pieds et dans les mains, et il n'y avait guère que le coup de lance mortel au flanc qu'on leur épargnait, mais qu'on remplaçait cependant par une entaille d'où le sang: coulait avec abondance. On les laissait ainsi pendant une demi-heure et on les descendait ensuite, morts ou vifs. Les hommes robustes résistaient à tout cela et guérissaient généralement, mais il n'était pas rare de voir succomber les victimes de cette barbare coutume. Qu'on n'aille pas croire que j'exagère, car il n'y a guère que trois ans, en 1887, que quatre *penitentes* sont morts des suites du crucifiement dans les villages mexicains du sud du Colorado.

Les autorités civiles et religieuses se sont justement émues de ces atrocités, et les chefs furent traduits devant les tribunaux; mais il fut impossible d'établir légalement la culpabilité de ceux qui avaient pris part au supplice et qui avaient causé directement la mort des victimes; et comme les *penitentes* se cachent généralement avec soin, pour pratiquer leurs rites, il est hors de doute que les crucifiés qui succombent à leurs blessures, sont beaucoup plus nombreux, qu'on ne le croit généralement. Inutile de dire que le clergé est non seulement étranger à ces barbares coutumes, mais qu'il s'y oppose formellement.

Mgr. Lamy, archevêque de Santa-Fé, a plusieurs fois lancé des mandements à ce sujet, sans cependant parvenir à abolir la confrérie des *penitentes*, qui continuent en secret leur cérémonies, en supprimant cependant le dernier acte du drame et en se contentant d'attacher la victime au lieu de la clouer sur la croix. J'ai entre les mains deux photographies instantanées de ces lugubres opérations; l'une, d'une procession de *penitentes* gravissant le calvaire, et l'autre de la scène du crucifiement.

Ces photographies ont été obtenues subrepticement par un touriste déguisé qui s'était joint à la procession et qui portait sur lui une caméra minuscule. Il raconte aussi en détail toutes les cérémonies dont il fut témoin, et affirme que le sang coulait à flots sur le dos des flagellants, dont quelques-uns ne reçurent pas moins de deux mille coups de fouet; ce qui paraît incroyable. Un seul *penitente* fut attaché à la croix, ce jour-là, mais au moment où on le liait solidement sur le bois du supplice, le pauvre fanatique s'écriait: Hay! *Que estoy deshonrado! Je suis déshonoré! pas avec une corde! clouez-moi! clouez-moi!*

Quelques-uns des assistants voulaient se rendre à son désir, mais le *hermano mayor* s'y refusa obstinément, de peur d'avoir des démêlés avec la justice.

N'est-ce pas, que ce sont là des choses absolument étonnantes, en plein dix-neuvième siècle, et sous le système démocratique du gouvernement américain? Je m'empresse de dire, cependant, que les autorités du pays ont résolu de sévir rigoureusement contre les auteurs de ces pratiques barbares qui ne sauraient tarder à disparaître, avec une nouvelle génération. Mais le pays est si vaste, si accidenté et encore si sauvage que les fanatiques d'aujourd'hui trouveront bien encore moyen d'éluder la vigilance de la justice pour aller pratiquer leurs cérémonies dans quelque vallée reculée.

Les *penitentes* du Nouveau-Mexique et du Colorado, ne sont que les successeurs des confréries de pénitents et de flagellants qui existaient au moyen âge en Espagne, dans le midi de la France et en Italie. Une procession de flagellants eut lieu à Lisbonne il y a soixante ans à peine, en 1821, mais jamais les confréries d'Europe n'ont porté les mortifications et la torture aussi loin que les pénitentes du Nouveau-Mexique. Il est curieux de constater que les *Puebloanos* pratiquaient déjà, avant la conquête, des rites d'expiation qui avaient une certaine similitude avec les pratiques d'aujourd'hui. Deux fois par an, on choisissait dans chaque tribu, six hommes et six femmes que l'on enfermait dans la salle du Conseil pendant trois jours, et que l'on sacrifiait ensuite pour apaiser la colère des dieux. Le cacique faisait aussi pénitence en se fouettant avec des branches épineuses de *palmilla*, de *maguey* ou de cactus. Ces pauvres sauvages greffèrent leurs traditions sur les croyances chrétiennes et continuèrent leurs sacrifices antiques en imitation de la passion de Jésus-Christ; c'est tout ce que les missionnaires purent obtenir de leur nature barbare, et c'est là l'origine des *penitentes* d'aujourd'hui. Il est inutile de dire que ces confréries se recrutent parmi la classe la plus basse et la plus ignorante, et il est juste de constater que les autorités mexicaines ont fait tout en leur pouvoir pour les supprimer. La danse du soleil chez les Sioux du Nord et la danse du sacrifice chez les Arapahoes et les Utes du Sud ont un caractère aussi cruel et aussi dangereux; et chacun sait que tous les sauvages de l'Amérique ont toujours admiré les guerriers qui montraient le plus de courage en supportant les tortures physiques les plus longues et les plus atroces. Nos Iroquois du Canada ne faisaient pas exception à cette règle, et tous nos auteurs ont rendu témoignage à leur bravoure légendaire, devant les supplices et la mort.

A mi-distance entre Santa-Fé et Espanola, le chemin de fer suit durant quelques milles la base d'un chaînon de montagnes escarpées et absolument dépourvues de toute végétation, qui s'élèvent sur la rive occidentale du *Rio Grande del Norte*. Sur la rive opposée du fleuve, on aperçoit les habitations grisâtres des *pueblos* de San-Idelfonso et de Santa-Clara. Le conducteur du train attire ici notre attention sur des taches noires que l'on aperçoit çà et là sur le flanc rougeâtre des montagnes, et qui nous apparaissent d'abord comme de gigantesques nids d'oiseaux creusés dans la falaise. Ce sont là des grottes et des cavernes qui étaient habitées autrefois par une race depuis longtemps disparue, et qui n'a laissé absolument aucune autre trace de son existence. Les ethnologues américains ont donné à ces antiques habitations le nom de *cliff dwellings* et aux peuples qui les ont construites et qui y demeuraient le nom de: *cliff dwellers*. On est encore dans la plus profonde ignorance sur l'âge de ces constructions primitives et sur les causes qui ont pu forcer des populations évidemment fort nombreuses à abandonner des demeures qui fournissent des preuves irréfutables d'une civilisation relativement très avancée pour l'époque où elles étaient habitées. Les auteurs espagnols des premières années de la conquête se contentent de mentionner ces ruines, sans paraître s'occuper de rechercher leur origine ou leur histoire, et les Indiens du pays, avec leur stoïcisme et leur indifférence ordinaire, vous répondent par un haussement d'épaules et l'inévitable: *Quien sabe?* Qui sait? que l'on reçoit en réponse à toutes les questions possibles et impossibles que l'on puisse faire. Mon premier devoir en arrivant à Espanola fut de me procurer les services d'un guide pour aller visiter ces grottes curieuses, et en compagnie des deux artistes avec qui j'avais fait le voyage de Taos, nous nous dirigeâmes à cheval vers les montagnes voisines, en visitant, en chemin, les deux pueblos dont j'ai déjà parlé.

La route fut facile jusqu'au moment où nous arrivâmes au pied des rochers escarpés où sont situés les *cliff-dwellings*, mais là, nous fûmes forcés d'abandonner nos chevaux pour grimper, à une hauteur perpendiculaire de trois cents pieds, où l'on apercevait une espèce de trou noir qui n'était autre chose que l'entrée principale d'une habitation fort considérable, comme on va le voir tout à l'heure. L'ascension fut moins difficile qu'elle ne nous avait paru de prime abord. Par une série de degrés et de pentes adoucies, ingénieusement taillées dans le roc, nous escaladâmes la falaise qui nous avait paru si difficile à gravir, et nous fûmes bientôt sur le seuil d'une vaste chambre circulaire dont les murs blanchis portaient encore les traces de dessins hiéroglyphiques. Le parquet cimenté était parfaitement uni, et trois portes de cinq pieds de hauteur, sur deux pieds de largeur, s'ouvraient dans le mur et conduisaient évidemment à d'autres appartements. Une ouverture taillée dans le roc vif du plafond servait de cheminée, et des pierres calcinées gisaient par terre immédiatement au-dessous, et avaient dû former l'âtre ou l'on cuisait les aliments. Quelques fragments de vases brisés étaient encore là, d'ailleurs, pour démontrer que nos suppositions étaient justes, mais en dehors de cela il ne restait aucun vestige d'ameublement. En examinant la paroi extérieure de plus près, nous découvrîmes que c'était un mur construit de pierres superposées et cimentées avec tant d'adresse, que nous avions d'abord pensé que la chambre avait été entièrement taillée dans le flanc de la montagne. On avait évidemment profité d'une caverne naturelle dont on avait muré l'entrée afin de la rendre plus forte et plus habitable.

Habitation des Cliff-Dwellers

L'habitation que nous visitions ne contenait que douze chambres de grandeur égale, à l'exception d'une salle centrale et circulaire, ayant trente pieds de diamètre. Un bloc de pierre rougeâtre placé au centre avait dû servir d'autel ou de pierre de sacrifice, car on y avait creusé une espèce de petite rigole, à la surface, probablement pour laisser couler le sang des victimes. On a trouvé dans cette salle une foule d'objets que j'avais pu examiner au musée historique de Santa-Fé; entr'autres, une pierre pour écraser le maïs, avec son pilon, des haches et des marteaux de pierre et de silex, des arcs et des flèches, des vases, des urnes et des cruches de terre cuite décorées de dessins forts curieux; enfin des sandales, des paniers, et des ceintures tressées de feuilles de la plante du *Yucca* que les Américains appellent *spanish bayonets*. Tous ces objets sont fabriqués avec un soin et une intelligence qui prouvent que cette race préhistorique possédait une civilisation au moins égale à celle des *pueblos* d'aujourd'hui. Des ouvertures d'à peu près deux pieds carrés, taillées dans le roc, servaient de cheminées et de fenêtres, en même temps, mais nous avions eu la précaution d'emporter des bougies afin de pouvoir mieux examiner les chambres intérieures. Le soleil disparaissait à l'horizon lorsque nous descendîmes dans la vallée pour y retrouver nos chevaux et pour reprendre la route d'Espanola. L'habitation que nous avions visitée était une des plus petites et l'une des plus faciles d'accès qu'il y eût dans la montagne.

Les *cliffs dwellings* d'Espanola sont d'ailleurs les moins importants du Nouveau-Mexique, et c'est plus au nord, près de la frontière du Colorado, que l'on a découvert de véritables cités composées de ces curieuses cavernes. Le major Powell, M. W. H. Jackson de Denver et le lieutenant Simpson de l'armée américaine ont tour à tour visité les gorges du *Rio Mancos*, situées près de Durango, et y ont fait des découvertes absolument étonnantes, et dont je parlerai plus loin.

Un ingénieur de Denver, M. Stanton, qui vient d'explorer les gorges du *Rio Colorado*, a aussi trouvé les restes de vastes habitations de *cliffs-dwellers*, suspendues comme des nids d'aigles, aux flancs de montagnes escarpées. Chaque jour amène de nouvelles découvertes, mais les savants restent toujours dans la plus profonde obscurité sur l'origine, l'histoire et l'époque de la disparition d'une race qui a dû compter plus de 100,000 habitants, s'il est permis de juger de leur nombre par les ruines gigantesques qu'ils ont laissées sur leur passage.

ARTICLES DE POTERIE TROUVÉS CHEZ LES " CLIFF DWELLERS "

XII

ENCORE LES CLIFF-DWELLERS

Je viens de raconter ma visite à l'une des grottes des *cliffs-dwellers*, près d'Espanola et j'ai dit que ce groupe d'habitations préhistoriques était beaucoup moins important que ceux que l'on rencontre plus au nord, près de la frontière du Colorado. Je vais maintenant parler des ruines du *Rio Mancos*, qui comprennent des palais, villes ou villages, comme on voudra bien les appeler, contenait chacun plus de mille appartements; ce qui forme une population d'au moins 5,000 habitants, en admettant que la moyenne des familles ne fut que de cinq personnes; ce qui serait loin d'être un chiffre exagéré, en comptant les enfants et les vieillards des deux sexes. Et l'on compte onze groupes d'habitations de cette importance, sur le *Rio Chaco*, dans un rayon de vingt-cinq milles. Les falaises escarpées des gorges du *Rio Mancos* et des gorges latérales de ses tributaires sont littéralement couvertes de ces ruines, qui ressemblent à d'immenses ruches taillées dans le roc. Les gorges profondes du *Rio Colorado* sont aussi remplies de ces grottes artificielles, et l'attention du monde savant commence à se porter sérieusement vers la solution de ce problème ethnologique. Le rapport de M. W. H. Jackson, du Bureau officiel d'exploration de Washington (1875-1877) donne une description détaillée des habitations de *Chettro Kettle* sur le *Rio Chaco*, et je vais en emprunter des chiffres qui donnent une opinion assez juste ds l'étendue de quelques uns de ces *cliff-dwellings*.

"Dans cette ruine, dit M. Jackson, il y avait autrefois un mur, dont il reste encore de nombreux vestiges, ayant une longueur de 935 pieds, avec une hauteur de 40 pieds, donnant une surface de 37,400 pieds, et une moyenne de cinquante blocs ou morceaux de pierre pour chaque pied carré de maçonnerie; ce qui formait un total de 2,000,000 de morceaux pour la surface extérieure du mur seulement. Multipliez ce total par la surface opposée et aussi par les murailles transversales et latérales, en supposant un terrassement symétrique, et on arrive à un total de 30,000,000 de blocs ou morceaux de pierre et 315,000 pieds cubes de maçonnerie. Ces millions de blocs avaient dû nécessairement être taillés et ajustés; les soliveaux qui soutenaient les plafonds et les terrasses supérieures avaient été coupés dans les forêts éloignées, car il n'y a, aux environs, aucune trace de végétation forestière. Ajoutez à cela les travaux de crépissure, de menuiserie et de décoration murale, et l'on se trouve devant un travail gigantesque exécuté par un peuple qui n'avait que les outils les plus primitifs, mais qui devait, par contre, avoir une organisation intelligente, industrieuse, patiente et bien disciplinée."

J'ai déjà dit que les *cliff-dwellings* étaient systématiquement construits dans des gorges escarpées et toujours à des hauteurs abruptes de 300 à 1000 pieds au-dessus du lit des torrents et des rivières, et à peu près à la même distance en bas du sommet des plateaux ou des montagnes. Il est évident que les habitants, comme les oiseaux de proie, plaçaient ainsi leurs demeures dans des endroits inaccessibles, et pour ainsi dire inattaquables, pour se protéger contre les attaques et les surprises de leurs ennemis. Les armes, vêtements et ustensiles domestiques qu'on a trouvés dans les grotte ressemblent d'une manière étonnante à ceux des *Puebloanos* d'aujourd'hui, et il est curieux de constater que, comme eux, les *cliff-dwellers* portaient des sandales ou souliers tressés de feuilles de Yucca. J'ai déjà dit qu'on donnait aux *Puebloanos* le nom de *moquis* qui veut dire chaussures dans la langue de plusieurs tribus. Il y a donc une similitude étonnante qui ferait croire à une parenté ou à une filiation entre les *cliff-dwellers* et les habitants des *pueblos*; mais ceux-ci professent la plus profonde ignorance à ce sujet, et aucune de leurs traditions, auxquelles ils sont généralement si fidèles, ne fait la moindre allusion aux grottes et cavernes de ces nations préhistoriques.

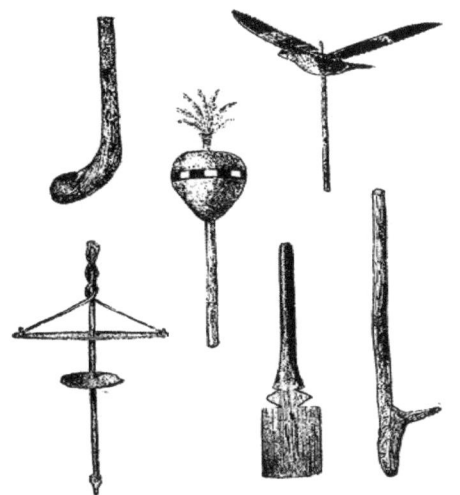

Casse-tête, ornements et outils trouvés chez les "Cliff Dwellers"

Fouet, tambourin, manchettes et souliers, trouvés dans les habitations des "Cliff Dwellers"

La différence qui existe entre les *cliff-dwellings* et les *pueblos* modernes, c'est que les premiers construisaient en pierre sur les flancs abrupts des montagnes escarpées, tandis que les derniers se servent de briques de boue cuites au soleil et s'établissent généralement dans la plaine. Tous les savants du *Smithsonian Institute* de Washington ont plus ou moins ergoté sur l'origine probable de ces nations, mais on n'est guère plus avancé qu'au premier jour de la discussion. Les uns prétendent que les *cliffs-dwellings* étaient autrefois habités par une nation paisible qui fut chassée du pays et poussée plus loin vers le sud, par la migration des Aztèques qui venaient du nord et qui marchaient vers le Mexique où ils établirent l'empire de Montezuma. D'autres croient que les *cliff-dwellers* étaient, dès l'origine, des indigènes de la plaine qui s'enfuirent dans les montagnes où ils se fortifièrent, pour échapper à la cruauté et à tyrannie des *conquistadores*, comme on appelle encore les premiers conquérants espagnols.

Mais cette dernière hypothèse n'est guère soutenable, car aucun des historiens de l'époque, et ils sont assez nombreux, ne fait mention d'un seul fait analogue. Ce qu'il y a de certain, c'est que ces curieuses habitations furent construites comme refuges, et ce qu'il y a d'étonnant c'est qu'une nation assez nombreuse et assez intelligente pour se fortifier d'une manière aussi remarquable n'ait pas préféré la lutte ouverte, la guerre, en un mot, à ce genre de vie craintive et misérable, dans des endroits incommodes et presque inaccessibles. J'ai déjà dit qu'il y avait tout lieu de croire, par les nombreuses villes que l'on a découvertes un peu partout, et que l'on découvre encore chaque jour, que les *cliff-dwellers* formaient une nation qui comptait au moins 100,000 habitants. Et dire, aujourd'hui, qu'il ne reste pas un seul descendant de cette race qu'on ne connaît pas autrement que par les ruines qu'elle a laissées, pour nous intéresser sur son origine et son histoire!

Une seule tribu sauvage, celle des *Southern Utes--les enfants du Sud*, comme les appelaient les vieux trappeurs canadiens--qui habite aujourd'hui la réserve de *San-Ignacio*, au sud du Colorado, paraît avoir conservé un semblant de légende au sujet des *cliff-dwellings*, qu'ils croient être habités par les esprits de leurs ancêtres; et ils considèrent comme sacrilège toute tentative d'exploration dans cette direction. Mais il est évident que cette légende a été inventée après coup, car les *Utes* ignorent absolument l'art de construire des maisons en pierre; et leurs vêtements, et leurs ustensiles domestiques ne ressemblent en rien à ceux qu'on a trouvés dans les grottes et cavernes du pays.

Les *cliff-dwellers* cultivaient les terres des hauts plateaux avoisinant leurs habitations, et l'on a trouvé des canaux d'irrigation qui témoignent aussi de leur industrie et de leur connaissance de l'agriculture. J'ai rencontré, à Durango, un explorateur distingué qui est engagé depuis plusieurs années à faire des études et des recherches ethnologiques sur les Indiens du Nouveau-Mexique et du Colorado, pour servir à une nouvelle édition de l'histoire des Etats-Unis de Bancroft. Il m'a avoué franchement que l'origine, l'histoire et l'extinction de cette race préhistorique restaient pour lui un mystère qu'il n'espérait pas pouvoir percer.

Le *pueblo* qui se rapproche le plus des *cliff-dwellings* par sa construction est celui de Zuni dont j'ai déjà dit un mot, et qui compte encore aujourd'hui plus de 2,000 habitants. Il est situé à 190 milles au sud-ouest de Santa-Fé et à dix milles de la frontière de l'Arizona. C'était là une des "sept villes de Cibola" dont on avait fait un rapport si enthousiaste et si exagéré à Coronado, et la ville était alors construite sur une haute éminence et défendue par des murs de pierre qui la rendaient presque imprenable. Le *pueblo* actuel de Zuni, ou *Zuni nuevo*, comme disent les Mexicains, est situé à quelques milles de là dans la plaine, et est construit d'*adobes* comme les autres *pueblos* du pays. L'ancienne Zuni ou *Zuni viejo* fut détruite par les Espagnols, mais on en voit encore les ruines, qui ont une certaine analogie avec les constructions des *cliff-dwellers*.

Les Indiens d'aujourd'hui, cependant, n'ont conservé aucune tradition qui puisse servir à éclaircir le mystère qui enveloppe ces curieuses habitations. C'est aussi à six milles de Zuni que se trouve le fameux rocher où l'on aperçoit encore l'inscription, gravée là il y a trois cent soixante-et-quatre ans, en 1526, par le premier explorateur, Don José de Basconzalès.

IMAGES et STATUETTES des "CLIFF DWELLERS"

VASES TROUVÉS CHEZ LES "CLIFF DWELLERS"

Les Espagnols avait donné à ce rocher le nom de: *el moro*, et les Américains l'appellent *inscription rock*, à cause des nombreuses inscriptions en espagnole! en anglais, que tous les voyageurs anciens et modernes se sont empressés d'y graver à l'exemple de Basconzalès Ces inscriptions se chiffrent actuellement par centaines, et à côté des insanités des Perrichon de notre époque, on y trouve des dates et des noms de la plus haute valeur historique. La plus curieuse inscription est probablement celle qu'y grava le vainqueur de la grande insurrection de 1680, dont j'ai déjà parlé. Elle se lit encore comme suit:

> *Ici passa Don Diego de Bargas*
> *pour aller reconquérir la*
> *Ville Royale de Santa-Fé*
> *du Nouveau-Mexique*
> *à la Couronne Royale d'Espagne,*
> *à ses propres frais,*
> *En l'an de grâce 1692.*

Les mots, *à ses propres frais*, sont aujourd'hui d'un haut comique, car le même Diego de Bargas fut destitué de ses fonctions de gouverneur du pays, en 1697, pour avoir, disent les documents de l'époque, employé l'argent du trésor public à son usage particulier, pour avoir tiré sur le trésor sous le prétexte d'y acheter du maïs, des mulets pour les colons, et avoir empoché ces sommes sous d'autres faux prétextes.

Je ne veux pas quitter le Nouveau-Mexique sans dire un mot de son désert, que les Espagnols avaient nommé *la jornada del Muerto*--le voyage de la mort--parce que ceux qui l'entreprenaient y laissaient généralement leurs os. Ce désert est situé au sud, près de la frontière mexicaine et occupe une zone de terre longue de cent milles, sur une largeur variant de cinq à trente-cinq milles. C'est un plateau aride, absolument sans eau et sans végétation, habité par les terribles Apaches, qui ont donné tant de mal au gouvernement américain, depuis quelques années. Il y souffle généralement un vent du sud ouest qui rappelle le terrible simoun du Sahara, et que les Espagnols appelaient la solana, en mémoire des vents brûlants de la Manche et de l'Andalousie.

Les redoutables Apaches trouvaient là un refuge assuré contre les poursuites de leurs ennemis jusqu'à l'époque de la construction du*Southern Pacific Railway*, qui longe le désert en se dirigeant vers l'ouest. Le sifflet strident de la première locomotive a été le signal de la défaite pour les sauvages, car les troupes peuvent maintenant se transporter si promptement sur toute la longueur du désert, qu'il est facile d'en surveiller tous les points à la fois. Les Apaches ont donc enterré la hache de guerre, et la paix règne aujourd'hui sur tout le territoire du Nouveau-Mexique.

Retournons maintenant sur nos pas pour reprendre, à Pueblo, la route de Salida, de Gunnison, de *Grand Junction* et de *Salt Lake City*.

XIII

ENCORE LES "PENITENTES"--DE PUEBLO A "SALT LAKE CITY".

Avant d'aller plus loin et de quitter définitivement le Nouveau-Mexique pour suivre mon itinéraire vers le nord-ouest, je traduis textuellement la dépêche suivante que j'emprunte au *Denver Times* du 7 avril, lundi de Pâques, 1890.

Fort Garland, Colorado, 7 avril.--Jeudi et vendredi de la semaine sainte, ont eu lieu, ici, parmi les Mexicains, les cérémonies habituelles de la confrérie des *Penitentes*. Pendant ces deux jours, ces pauvres illuminés ont fait pénitence en s'infligeant les traitements les plus barbares et les plus douloureux. On en voyait qui se flagellaient jusqu'au sang, avec des épines de cactus, d'autres qui portaient des croix énormes, et d'autres enfin qui suivaient la procession, littéralement chargés de chaînes. Et cela, en dépit de la défense la plus formelle des autorités religieuses. On doit dire cependant que la confrérie des *Penitentes* se recrute parmi la classe la plus ignorante du pays.

DANS LA GORGE ROYALE

Et ceci se passait, pendant la semaine sainte de l'année 1890, à deux cent milles de Denver. Les commentaires seraient superflus.

La distance de six cent quinze milles qui sépare Pueblo de *Salt Lake City* offre peut-être au voyageur les panoramas les plus pittoresques et les plus accidentés qu'il y ait au monde. Le chemin de fer poursuit sa course à traversée massif des Montagnes-Rocheuses, escaladant des défilés de plus de 10,000 pieds d'élévation, et traversant des gorges et des déserts d'un aspect aussi sauvage que merveilleux. On s'étonne constamment devant les difficultés naturelles qu'on a dû vaincre et les millions qu'on a dû dépenser, sans espoir de bénéfices immédiats, pour construire une voie ferrée dans des conditions comme celles-là.

De Pueblo à *Canyon City*, la route suit la vallée de l'Arkansas, en passant la ville de Florence où l'on exploite quarante puits de pétrole, et où l'on a construit un embranchement qui conduit, à six milles de là, aux mines de *Coal Creek*. On commence ici à gravir les contreforts de la première chaîne de montagnes pour entrer presque immédiatement dans une fissure gigantesque, ayant 2627 pieds à sa plus grande profondeur, dans la roche calcaire, entre des murailles espacées seulement de trente à soixante pieds au plus, et moins quelquefois, dans le fond où coule la rivière. On a donné à cette gorge imposante le nom de *Royal Gorge*, et la direction du *Denver and Rio Grande Railway* a eu la bonne idée de construire des wagons absolument ouverts, qui permettent au voyageur d'admirer, en filant à toute vapeur, ce monumental caprice de la nature.

En sortant de ce col obscur où la lumière du jour peut à peine pénétrer, on découvre, à gauche, la superbe chaîne de *Sangre de Cristo* avec ses pics neigeux éclairés par un soleil brillant. C'est un changement à vue absolument féerique. On passe Parkdale et les sources chaudes de Wellsville pour arriver bientôt à Salida, ville de 3,000 habitants, située à une élévation de 7,049 pieds, à 217 milles de Denver. La voie bifurque ici de nouveau vers le nord pour se diriger vers Leadville et Aspen, les deux grands centres miniers du Colorado, où je conduirai mes lecteurs en revenant de *Salt Lake City*.

Nous allons, à présent, continuer notre route directement vers l'ouest, et escalader de nouveau une chaîne de montagnes par Marshall Pass, où la voie atteint une hauteur de 10,856 pieds au-dessus du niveau de la mer. Les Américains ont donné au chemin de fer, en cet endroit, le nom de: *railroad in the clouds*, un chemin de fer dans les nuages; ce qui est littéralement vrai, car on s'élève à certains endroits, au-dessus des nuages qui flottent, en flocons blancs, au-dessous du convoi qui gravit en les contournant les flancs escarpés de la montagne. Je n'ai pas besoin de répéter ici ce que j'ai déjà dit de *Veta Pass*, au sujet des difficultés de toutes sortes que l'on a eu à surmonter pour escalader une chaîne de montagnes aussi élevées, car j'aurais à revenir, à chaque instant, sur les prodiges de science et d'énergie dont les ingénieurs ont constamment fait preuve dans la construction des chemins de fer transcontinentaux, aussi bien au Canada qu'aux Etats-Unis.

LES BUTTES DE GUNNISON

Nous mîmes à peu près quatre jours à les traverser; d'où je conclus, par le chemin que nous dûmes faire, qu'elles peuvent avoir, en cet endroit, c'est-à-dire, vers le 54e degré de latitude, une quarantaine de lieues de largeur. Le géographe Pinkerton se trompe assurément, quand il ne donne à ces montagnes que 3,000 pieds d'élévation au-dessus du niveau de la mer; d'après mes propres observations, je n'hésiterais pas à leur en donner 6,000; nous nous élevâmes très probablement à 1,500 pieds au-dessus du niveau des vallées, et nous n'étions peut-être pas à la moitié de la hauteur totale; et les vallées doivent être elles-mêmes considérablement au-dessus du niveau de l'Océan Pacifique, vu le nombre prodigieux de rapides que l'on rencontre dans la Columbia, depuis les chutes jusqu'à la rivière au Canot. Quoi qu'il en soit, si ces montagnes le cèdent aux Andes en hauteur et en étendue, elles surpassent de beaucoup, sous ces deux rapports, les Apalaches, regardées jusqu'à ces derniers temps comme les principales montagnes de l'Amérique Septentrionale; aussi donnent-elles naissance à une infinité de rivières, et aux plus grands fleuves de ce continent.

Ces montagnes offrent un champ vaste et neuf à l'histoire naturelle; nul botaniste, nul minéralogiste, ne les a encore examinées. Les premiers voyageurs les ont appelées Montagnes Luisantes, à cause d'un nombre infini de cristaux de roche, qui en couvrent, dit-on, la surface, et qui, lorsqu'elles ne sont pas couvertes de neige, ou dans les endroits où elles n'en sont pas couvertes, réfléchissent au loin les rayons du soleil. Le nom de Montagnes de Roches ou Rocheuses par excellence, leur a probablement été donné par ceux qui les ont traversées ensuite, à cause des énormes rochers qu'elles offraient çà et là à leur vue Effectivement, le Rocher à Miette, et celui de McGillivray surtout, m'ont presque paru des merveilles de la nature. Quelques-uns pensent qu'elles renferment des métaux et des pierres précieuses.

A l'exception du mouton blanc et de l'ibex, les animaux des Montagnes de Roches, si ces montagnes en nourrissent de particuliers, ne sont pas plus connus que leurs productions minérales et végétales. Le mouton blanc se tient ordinairement sur des rochers escarpés, où il est presque impossible aux hommes, et même aux loups, de l'aller chercher; nous en vîmes plusieurs siliceux qui entourent le Fort des Montagnes. Cet animal a les cornes grosses et tournées circulairement, comme celles du bélier domestique; il a la laine longue, mais grossière; celle du ventre est la plus fine et la plus blanche. Les sauvages qui habitent près des montagnes font avec cette laine des couvertures à peu près semblables aux nôtres, qu'ils échangent avec ceux des bords de la Columbia, pour du poisson, de la rassade, etc. L'ibex est une espèce de chèvre, qui fréquente, comme le mouton, le sommet et les fentes des rochers; il diffère de ce dernier, en ce qu'il a du poil, au lieu de laine, et n'a pas les cornes circulaires, mais seulement rejetées en arrière. La couleur n'est pas non plus la même. Les indigènes font bouillir les cornes de ces animaux, et en fabriquent ensuite artistement des cuillères, de petits plats, etc.

Je vais maintenant me borner à donner un aperçu géographique et commercial du pays montagneux qui sépare Denver de *Salt Lake City*, car ces contrées n'ont pas d'histoire, et les quelques villes que l'on rencontre comptent à peine dix à quinze ans d'existence. La première station importante que l'on rencontre à l'ouest de *Marshal Pass* est la ville de Gunnison qui compte une population de 2,500 habitants, et qui est le centre commercial d'une vallée fertile arrosée par la rivière Gunnison.

Ici, comme partout dans les montagnes, on a découvert des mines dont l'exploitation ajoute largement à la prospérité des villes naissantes et à l'alimentation du chemin de fer. L'hôtel de la Veta, à Gunnison, est un superbe édifice qui a coûté $225,000, et qui sert de buffet. Les voyageurs peuvent y prendre un repas succulent. De nombreux touristes, pendant la belle saison, viennent ici pour la chasse du gros gibier qui abonde dans la montagne, et pour la pêche de la truite, que l'on trouve dans les lacs et les petites rivières des environs.

Il y a encore ici un embranchement du chemin de fer qui va jusqu'au *Crested Butte*, à une distance de vingt-huit milles, où l'on a découvert d'abondantes mines d'un charbon anthracite que l'on dit être d'aussi bonne qualité que le meilleur charbon de la Pennsylvanie. La ligne principale se continue toujours vers l'ouest et un nouvel embranchement de trente-six milles, à Sapinero, se dirige vers la petite ville de *Lake City* où de riches mines d'argent ont été mises en exploitation depuis quelques années.

Quelques milles plus loin, sur l'artère principale, on entre dans une nouvelle gorge non moins intéressante et non moins profonde que la*Royal Gorge*, et que l'on a surnommée le *Black Canyon*, à cause de l'obscurité relative qui y règne continuellement et de la couleur sombre des flancs escarpés de la montagne. Cette gorge a quatorze milles de longueur. On y remarque spécialement une cascade superbe qui tombe d'une hauteur vertigineuse, et un pic très curieux qui s'élève abruptement comme un obélisque monstre, et que l'on a nommé le *Currecanti Needle*. On m'a dit que les Indiens y tenaient des conseils et des assemblées solennelles, lors des premières explorations du pays. Un peu plus loin, on suit encore les sinuosités d'une nouvelle gorge avant d'arriver à la jolie ville de Montrose, située à trois cents cinquante-trois milles de Denver, à une altitude de 5,811 pieds, au milieu de la vallée de la rivière *Uncompahgre*. C'est ici que le chemin de fer bifurque encore au sud pour aller jusqu'à Ouray, ville minière très-importante, dont j'ai déjà parlé dans un des chapitres précédents.

LES GORGES DE LA GUNNISON

Toujours en continuant notre voyage vers l'ouest, on passe Delta, petit village de cinq cents habitants, pour arriver, soixante-et-douze milles plus loin, à la ville de *Grand Junction* située à quatre cents vingt-cinq milles de Denver, au confluent des rivières Gunnison et Grande, dans un pays célèbre déjà par la culture des fruits. C'est ici que la division nord du *Denver et Rio Grande Railway*, qui dessert les villes minières de *Leadville, Red Cliff, Aspen* et *Glenwood Springs*, se raccorde à la ligne principale qui se continue toujours à l'ouest vers *Salt Lake City* et *Ogden*.

La rivière *Grande*, qui prend sa source dans les montagnes du nord du Colorado, se jette, plus au sud, dans la célèbre *Rio Colorado*--rivière rouge--dont les gorges merveilleuses sont restées, jusque aujourd'hui dans le domaine de la légende. La rivière Rouge traverse les territoires de l'Utah et de l'Arizona pour se jeter, après un parcours de huit cents milles, dans le golfe de Californie. Les eaux de la rivière ont creusé partout sur leur passage, dans le sol et dans le roc vif, une gigantesque crevasse qui varie en profondeur de 2000 à 6000 pieds, et qui se continue ainsi jusqu'à la mer, en taillant son lit à travers les plaines, les plateaux et les montagnes.

Ces gorges incomparables sont encore relativement inconnues, bien qu'on ait tenté, à deux reprises, de les explorer. Le major Powell du bureau d'exploration et d'arpentage de Washington avait réussi, au prix de grands dangers, à suivre le lit de la rivière, sur une distance assez considérable, mais il avait reculé devant des cataractes, des remous et des rapides qui présentaient des difficultés de passage qu'il considérait comme insurmontables. Un ingénieur de Denver, Robert B. Stanton, organisait, en 1888, une expédition dans le but d'explorer le *Rio Colorado* jusqu'à son embouchure, mais ses premiers efforts furent contrecarrés par le naufrage de ses bateaux et la mort de quelques-uns de ses compagnons. Il fut forcé de rebrousser chemin et de venir se ravitailler à Denver, car il n'avait pas abandonné le dessein de pénétrer le mystère des gorges de la rivière Rouge. Il organisa une nouvelle expédition, et reprit, en décembre 1889, le chemin du *Grand Canyon of the Colorado*, bien décidé, cette fois, à pousser son entreprise jusqu'au bout, si la chose était humainement possible. Ses derniers efforts ont été couronnés de succès et M. Stanton, a fait son rapport officiel aux directeurs provisoires du *Denver, Colorado Canyon and Pacific Railway*. Je dis rapport officiel, car M. Stanton a joint l'utile à l'agréable en explorant les gorges du *Rio Colorado*, et ce sont des capitalistes qui lui avaient fourni les fonds nécessaires pour la réussite d'une expédition aussi hasardeuse. N'est ce pas que cette idée de vouloir construire une voie ferrée dans le lit d'un fleuve qui roule ses eaux tumultueuses à une profondeur moyenne de trois ou quatre mille pieds, est absolument dans le caractère américain qui ne recule devant rien et qui trouve généralement moyen de tourner les plus grandes difficultés à son avantage commercial.

C'était, cependant, une passion plus forte que celle de l'argent qui avait engagé des Canadiens-français à explorer le *Rio Colorado* à une époque ou la géographie du pays était encore généralement ignorée; c'était la passion des aventures et l'attrait de l'inconnu.

M. Stanton raconte qu'un matin, en aval d'un rapide dangereux qu'il venait de franchir avec ses compagnons, il crut apercevoir une inscription sur la falaise, près d'un endroit où une accalmie permettait d'arrêter les bateaux. Il s'approcha et lut avec surprise ces mots gravés profondément dans le roc:

I. JULIEN-1833

M. Stanton dit lui-même qu'il est de toute évidence que des voyageurs canadiens ont passé par là trente-six ans avant la première exploration du major Powell en 1869, et à une époque ou le pays n'avait pas encore été officiellement exploré par le gouvernement des Etats-Unis. Et voici qui paraît encore aussi curieux. En continuant leur voyage à travers les mille périls des cataractes, des rapides, des remous et des fureurs du fleuve, à une profondeur de plus de 5,000 pieds, M. Stanton et ses compagnons aperçurent un matin, à leur suprême étonnement, un mineur solitaire qui cherchait des paillettes d'or dans les sables de la rive, à un endroit où le fleuve s'élargissant, formait une grève assez considérable. Et ce mineur qui, depuis plus d'un an, vivait ainsi seul, de chasse et de pêche, en cherchant de l'or dans le lit du *Rio Colorado*, c'était encore un Canadien-français; il s'appelait *Félix Lantier*.

LES GORGES DU RIO COLORADO

Cela se passait au mois de janvier 1890, et il me serait difficile de citer deux preuves plus convaincantes et plus authentiques que la présence de ces Canadiens: Julien, en 1833, et Lantier, en 1890, dans les gorges inexplorées du Colorado, à l'appui de la théorie que j'ai déjà émise, au sujet de la découverte et de l'exploration première de tous les pays qui constituent le massif des Montagnes-Rocheuses par les trappeurs et les voyageurs de nationalité franco-canadienne.

En quittant *Grand Junction*, on passe *Fruitvale*, puis on s'engage sur des plateaux arides, que l'on a surnommés le désert du Colorado. Sur un parcours de deux cent milles, on n'aperçoit pas le moindre signe de végétation, si ce n'est des buissons de sauge--sage brushes-- qui poussent çà et là sur la croûte grisâtre de la terre cuite par le soleil. On prétend, cependant, qu'il serait possible de rendre ce pays propre à la culture en construisant des canaux d'irrigation qui y apporteraient l'eau de la rivière *Grande*, mais personne, jusqu'à présent n'a encore entrepris d'en faire l'essai. Il reste encore trop de terres fertiles et inoccupées pour qu'on s'amuse à fertiliser les déserts, par des travaux difficiles et extrêmement coûteux. On aperçoit toujours, dans la distance, des chaînes de montagnes couvertes de neige, ce qui varie un peu le paysage qui, sans cela, deviendrait monotone et ennuyeux. A cinq cent quarante-quatre milles de Denver, on aperçoit enfin la *Green River*, la rivière Verte, où l'on commence de nouveau l'ascension des monts *Wasatch*. J'allais oublier de dire qu'à cinquante milles à l'ouest de *Grand Junction* nous avions traversé la frontière du territoire de l'Utah, et que nous étions actuellement dans le pays des Mormons. On passe plusieurs petites stations de peu d'importance, et l'on arrive à la petite ville de *Price*, située dans la vallée et sur les bords de la rivière du même nom, à six cent onze milles de Denver. A quatre-vingt milles au nord, se trouve le fort Duchêne, poste militaire important, construit sur une réserve indienne de 4,000,000 d'acres, où vivent 2,500 sauvages sous la tutelle du gouvernement de Washington. Ce poste porte le nom d'un célèbre trappeur canadien qui accompagnait le général Fremont, comme guide, lors de ses explorations de 1842, 43 et 44.

A six milles au-delà de *Price*, on passe *Castle Gate*, situé à l'entrée du défilé du même nom. Cette petite ville est ainsi nommée parce que deux énormes rochers, taillés perpendiculairement simulent assez bien les portes monumentales d'une forteresse qui aurait pu être construite par des géants. On atteint bientôt le sommet des *Wasatch*, par un défilé d'une altitude de 7,465 pieds, et l'on descend ensuite à l'ouest pour se trouver dans la superbe et fertile vallée de l'Utah, à une distance de six cent soixante-et-dix-neuf milles de Denver. On tombe ici dans un pays admirablement cultivé, où les habitations se groupent autour des villes de Springville, de Provo, de Lehigh, de Draper, jusqu'à *Salt Lake City*.

Sur une distance de trente-six milles, on côtoie les rives du lac Utah, et l'on aperçoit enfin dans le lointain le dôme du tabernacle et les tours inachevées du temple des *Saints du dernier jour*, comme les Mormons s'appellent eux-mêmes, avec une modestie qui fait honneur à leur crédulité. La vallée de l'Utah est enfermée entre deux chaînes de hautes montagnes, à l'est par les monts Wasatch et à l'ouest par les Monts Oquirrh. Une petite rivière, à laquelle les Mormons ont donné un nom biblique, le Jourdain, réunit les eaux du lac Utah, aux eaux du grand lac salé à quelques milles de *Salt Lake City*. On sait que le fleuve du Jourdain, en Palestine, dans les eaux duquel Jésus-Christ fut baptisé par Jean-Baptiste, réunit les eaux de la mer de Galilée aux eaux de la Mer-Morte. Les Mormons, toujours pour suivre la tradition, baptisent leurs néophytes dans les eaux du Jourdain de l'Utah, car ils se piquent spécialement d'imiter en tout la tradition biblique et évangélique de l'Ancien et du Nouveau-Testament.

CASTLE GATE

XIV

AU PAYS DES MORMONS

J'ai déjà dit que le territoire de l'Utah avait été exploré, en 1833, par le capitaine Bonneville, qui découvrit le grand lac salé, et plus tard, en 1843, par le général Fremont, qui fit un rapport officiel au gouvernement américain sur les contrées environnantes. Mais le pays ne fut colonisé que quatre ans plus tard par le président Brigham Young de l'Eglise des Mormons, qui entra dans la vallée de l'Utah, le 24 juin 1847, à la tête de cent quarante-sept pionniers; et qui choisit immédiatement le site actuel de *Salt Lake City* pour Rétablissement le sa colonie. Les Mormons avaient quitté l'Illinois, l'année précédente, et la caravane avait mis près d'un an à traverser le pays, alors sauvage, qui sépare l'Utah des bords du Mississipi. De nombreuses caravanes les suivirent bientôt, et la population s'accrut dans de telles proportions, que le pays fut organisé en territoire, avec un gouvernement régulier, au mois de septembre 1850. Brigham Young en fut nommé le premier gouverneur, par le gouvernement de Washington, et la ville de *Salt Lake City* fut politiquement organisée, le 11 janvier 1851. Les Mormons qui habitaient exclusivement le pays à cette époque, faisaient une propagande énergique dans les Etats de l'Est, aussi bien que dans les pays du nord de l'Europe, particulièrement parmi les Anglais et les Scandinaves.

De nombreux néophytes, venaient continuellement se joindre à la colonie naissante et les *Saints des derniers jours* jetèrent les bases d'une colonie nombreuse et prospère. Jusqu'à la date de la construction du premier chemin de fer, en 1871, les Mormons vécurent chez eux en restant complètement étrangers aux relations du dehors, et Brigham Young était littéralement l'autocrate, du nouveau territoire habité par ses disciples. Les étrangers, ou les Gentils, comme les Mormons appellent tous ceux qui ne sont pas de leur Eglise, commencèrent à émigrer vers cette époque, et en 1890, pour la première fois dans l'histoire du pays, les élections municipales de *Salt Lake City* ont eu pour résultat d'enlever le contrôle des affaires des mains des chefs de cette puissance oligarchie. Je vais, avant d'aller plus loin, faire un résumé historique de la fondation de la secte des Mormons, par leur prophète Joseph Smith, en 1827.

Lors de la confusion des langues, après la construction de la tour de Babel, le Seigneur, selon la croyance des Mormons, aurait conduit un petit peuple vers les rives du continent américain; et ce peuple, après avoir traversé l'océan sur huit vaisseaux, serait devenu une nation puissante qui habita l'Amérique durant 1,500 ans, mais qui fut détruite, 600 ans avant Jésus-Christ, pour s'être adonné à des pratiques païennes et idolâtres. Une nouvelle colonie d'Israélites, de la tribu de Joseph, vint aussitôt repeupler l'Amérique, mais les nouveaux venus se divisèrent bientôt en deux puissantes factions, sous les ordres de deux chefs nommés Nephi et Laman. Leurs partisans étaient connu respectivement sous les noms de Nephites et Lamanites. Les Nephites continuèrent la saine tradition et suivirent les lois du Seigneur. Les Lamanites, au contraire, devinrent un peuple méchant, mais puissant, qui détruisit les Nephites, vers l'an 400 de l'ère chrétienne. Mormon, qui était un prophète, vivait vers cette époque, et il reçut l'ordre du Seigneur d'écrire l'histoire de ses ancêtres et des prophéties divines qui leur avaient été révélées, avant leur destruction par les Lamanites.

LA CHAINE DES "SANGRE DE CRISTO"

Il commença le travail qui fut terminé vingt ans plus tard par son fils Moroni, et le tout, gravé sur des tablettes d'or, fut enfoui dans une colline appelée *Cumorah* et située dans le township de Manchester, comté d'Ontario, état de New-York. Ces archives sacrées furent découvertes, le 22 septembre 1827, par le prophète Joseph Smith, qu'un ange révélateur avait conduit en cet endroit. Les tablettes d'or avaient été déposées dans un coffre de pierre cimenté avec soin, et le tout fut trouvé dans le plus parfait état de préservation, avec deux pierres transparentes qui permirent au prophète de traduire et d'interpréter les caractères égyptiens de ces relations curieuses. Trois témoins, nommés respectivement Oliver Cowdrey, David Whitmer et Martin Harris, assistaient aux fouilles faites par Joseph Smith et certifièrent que la découverte du livre sacré était parfaitement authentique. C'est de cette époque que date l'organisation de *L'Eglise de Jésus-Christ des Saints du dernier jour-- Church of Jesus-Christ of latter-day Saints*. Joseph Smith commença la prédication de la nouvelle doctrine, et un grand nombre de néophytes se joignirent à lui, dès les premiers jours.

Les Mormons émigrèrent d'abord à Kirtland, Ohio, où ils construisirent un temple, en 1833; plus tard, en 1838, ils élevèrent un nouveau temple à Far-West, Missouri; en 1841 ils s'établirent à Nauvoo, dans l'Illinois où ils devinrent très nombreux, et où ils élevèrent un troisième temple, qui fut inauguré par de grandes cérémonies le 3 mai 1846. Les populations environnantes s'émurent de leur présence en cet endroit, et devinrent hostiles en face de l'accroissement rapide du nombre des *Saints du dernier jour*. Une émeute éclata bientôt; le prophète Joseph Smith fut tué dans la mêlée, et le temple devint la proie des flammes. C'est alors que le nouveau président Brigham Young, se mit à la tête de ses disciples et se dirigea vers l'Ouest, pour aller s'établir définitivement dans la vallée de l'Utah, où il mourut en 1877. Il est curieux de constater que les biens des Mormons, dans l'Illinois, furent achetés par la fameuse communauté socialiste française d'Etienne Cabet qui mourut à Saint-Louis, quelques années plus tard, après avoir assisté à l'effondrement de son système et à la dispersion de ses adhérents.

La croyance des Mormons est basée sur l'Ancien et le Nouveau-Testament aussi bien que sur les révélations de Mormon, qui comprennent les livres de Nephi, de Jacob, d'Enos, de Jarom, de Mosiah, de Zeniff, d'Alma, d'Helaman, de Mormon, d'Ether et de Moroni.--Ce troisième Testament, comme ils l'appellent, forme un volume de 623 pages, petit texte, plus considérable que le Nouveau-Testament, et le style ressemble beaucoup à celui des anciens livres. Le tout forme un récit assez obscur des événements qui se rattachent à la prétendue découverte de l'Amérique par les anciens, et à la destruction de ces peuples par les Lamanites.

Pour terminer, j'emprunte au volume intitulé: *Mormon Doctrine*, les treize articles de foi de l'*Eglise de Jésus-Christ des Saints des derniers jours* rédigés par leur premier prophète, Joseph Smith. Je traduis textuellement:

1--Nous croyons en Dieu, le Père Eternel, en son fils Jésus-Christ, et en le Saint-Esprit.

2--Nous croyons que tous les hommes seront punis pour leur propres péchés et non pas pour le péché d'Adam.

3--Nous croyons que par l'expiation du Christ, toute l'humanité peut être sauvée, en obéissant aux lois et aux préceptes de l'Evangile.

4--Nous croyons que ces préceptes sont: 1° La foi en Notre-Seigneur Jésus-Christ; 2° le repentir; 3° le baptême par immersion, pour la rémission des péchés; 4° l'imposition des mains et les dons du Saint-Esprit.

5--Nous croyons qu'un homme peut recevoir les dons de Dieu par la prophétie et l'imposition des mains de ceux qui ont reçu de Dieu l'autorité de prêcher l'Evangile et d'administrer ses préceptes.

6--Nous croyons à la même organisation hiérarchique qui existait dans l'Eglise primitive, c'est-à-dire les apôtres, les prophètes, les pasteurs, les professeurs, les évangélistes, etc.

MARSHALL PASS — VERSANT OCCIDENTAL

7--Nous croyons aux dons des langues, de la prophétie, des révélations, des visions, des guérisons, de l'interprétation des langues, etc.

8--Nous croyons que la Bible est la parole de Dieu en autant qu'elle a été traduite correctement; nous croyons aussi que le livre de Mormon est la parole de Dieu.

9--Nous croyons à tout ce que Dieu a révélé, à tout ce qu'il révèle maintenant, et nous croyons qu'il révélera encore de grandes choses qui appartiennent au royaume éternel.

10--Nous croyons littéralement au rassemblement d'Israël et à la restauration des dix Tribus. Nous croyons que le Christ régnera personnellement sur cette terre, et que cette terre sera renouvelée et recevra la gloire du paradis.

11--Nous réclamons le privilège d'adorer Dieu selon la voix de nos consciences, et nous reconnaissons à tous les hommes le même privilège, quelle que soit la forme ou le fond de leur culte.

12--Nous croyons au respect et à l'obéissance aux rois, aux présidents, aux gouverneurs et aux magistrats, en obéissant aux lois, en les honorant et les soutenant.

13--Nous croyons que nous devons être honnêtes, véridiques, chastes, charitables, vertueux et que nous devons faire du bien à tous les hommes; en vérité nous devons dire que nous suivons les ordonnances de saint Paul, en "croyant toutes choses et en espérant toutes choses"; nous avons souffert beaucoup de choses et nous espérons pouvoir encore souffrir toutes choses. Nous recherchons tout ce qui est vertueux, aimable, bien considéré et digne d'éloges.

Joseph Smith

L'organisation de l'Eglise des mormons est absolument autocratique, et tous obéissent aveuglément aux ordres du président, qui est le chef spirituel et temporel de toutes choses. Le président Woodruff, qui est le chef actuel des *Saints du dernier jour*, est un vieillard qui paraît être loin de posséder les qualités executives de ses prédécesseurs, John Taylor et Brigham Young. Les Gentils continuent à émigrer vers l'Utah et se sont déjà emparés du gouvernement de *Salt Lake City*; ils ne tarderont guère à obtenir la majorité dans la législature du Territoire, et le pouvoir temporel de l'Eglise des mormons aura cessé d'exister.

La polygamie est absolument défendue par les lois civiles, et les autorités jettent en prison les *Saints* qui se permettent d'avoir plus d'une femme à la fois. On remarque d'ailleurs que la plupart des mormons d'aujourd'hui ne se gênent guère pour blâmer ouvertement cette coutume immorale, bien qu'ils disent que les chefs ne faisaient que suivre l'exemple donné par les patriarches et par les saints rois David et Solomon. Le gouvernement de l'Eglise est alimenté par une dîme de dix pour cent, que les fidèles payent en nature avec les produits de la terre, en animaux pour ceux qui s'occupent de l'élevage, et en argent pour ceux qui sont dans le commerce ou dans l'industrie.

Plusieurs schismes ont déjà éclaté parmi les mormons, et l'on compte déjà deux ou trois "Eglises réformées." On aurait tort de croire que le fanatisme religieux empêche les disciples de Joseph Smith de s'occuper des affaires de ce monde, car les plus grands établissements commerciaux et industriels de *Salt Lake City* sont entre leurs mains. Ils sont également propriétaires de la plus grande partie du territoire, et leur terres sont des modèles de culture comme leurs habitations sont des modèles de confort et de bien-être. Ils ont fondé des journaux partout, et ils ont même créé des établissements dans différentes parties des Etats-Unis et du Canada. Ils envoient régulièrement en Europe, en Asie et même jusqu'en Océanie, des missionnaires pour prêcher la doctrine de Joseph Smith, et, bien que la majorité des mormons se recrute parmi les Anglo-Saxons, on en voit cependant de presque toutes les origines et de presque tous les pays du monde. Je dois ici faire une exception, car bien que je sois allé aux renseignements, je n'ai pas pu découvrir un seul mormon d'origine française à *Salt Lake City*.

J'ai cru devoir donner tous ces détails sur l'organisation et la croyance religieuse de ce curieux peuple, car je crois, que, en général, on se fait, au Canada et ailleurs, de bien fausses idées sur son compte. Ce sont des fanatiques qui croient que le royaume du ciel leur est exclusivement réservé,'et qui attendent avec patience une deuxième visite du Messie, qui, cette fois, régnera personnellement et visiblement sur toute la terre, et dont la capitale sera naturellement là cité de Sion--autrement dite *Salt Lake City*. Ils font tout simplement graviter le reste de l'univers autour de leur croyance, et ils s'intitulent modestement "le peuple choisi de Dieu".

LA VILLE DU LAC SALÉ

XV

ENCORE LES MORMONS--LE GRAND LAC SALÉ.

Salt Lake City est aujourd'hui une ville de 35,000 habitants, ayant des églises de presque toutes les sectes religieuses, trois grands journaux quotidiens, une université, des hôpitaux, des écoles publiques de tous les rangs, deux grands théâtres, une bourse, un musée, un système complet de tramways électriques, un aqueduc et plusieurs grandes fabriques de verre, de machines de toutes sortes, de meubles, de chaussures, de tabac, de briques, de tuiles, de ciment, etc. La ville est éclairée à l'électricité, ainsi que la plupart des édifices publics et des maisons particulières. En chiffres ronds, la ville contient 10,000 maisons, 200 fabriques, 16 publications périodiques, 9 banques, 18 imprimeries, 22 écoles et 14 édifices voués à l'exercice des différents cultes. Les établissements mormons sont naturellement en plus grand nombre, ont plus d'importance que les autres, et offrent plus d'intérêt aux voyageurs. On aperçoit de loin, en approchant de *Salt Lake City*, les trois grands édifices religieux qui occupent le *Temple Square*. Ce sont le Tabernacle, la Salle d'assemblée et le Temple, qui n'est pas encore tout à fait terminé, bien qu'il s'élève déjà à une grande hauteur. Je vais donner une courte description de chacun de ces édifices, qui sont, à *Salt Lake City* et pour les mormons en particulier, ce que la basilique de Saint-Pierre et le Vatican sont à Rome et au monde catholique en général. Le tabernacle est de forme elliptique, d'une longueur de 250 pieds et d'une largeur de 150 pieds. La nef a une hauteur de 80 pieds avec un jubé en galerie qui fait tout le tour de l'édifice. Un orgue superbe occupe l'une des extrémités du tabernacle, qui ressemble, à l'intérieur, par la simplicité de sa construction et de ses décorations, à la plupart des temples protestants. Dix mille personnes peuvent trouver place, en même temps, dans cette vaste enceinte, qui possède les meilleurs qualités d'acoustique. J'ai assisté à la prédication du dimanche, où tous les étrangers sont admis et même reçus avec la plus grande politesse; et, bien que je fusse placé à l'extrémité de l'édifice opposée à celle où se trouvait le prédicateur qui était un vieillard, je ne perdis pas une seule parole de son discours. La musique et les choeurs étaient absolument remarquables, et l'orateur fit un sermon qui dénotait une instruction supérieure et une facilité d'élocution peu commune. Il prêchait sur un texte de l'Apocalypse, et prédisait, selon la doctrine mormonne, la nouvelle venue du Messie et son règne éternel sur la terre. Le tabernacle était rempli, et tous les fidèles observaient le recueillement le plus respectueux et le plus complet. Pas un mot de la polygamie, qui passe, aux yeux des étrangers, comme le signe distinctif de l'organisation sociale et religieuse des *Saints du dernier jours*.

J'ai déjà dit, d'ailleurs, que les autorités fédérales sévissent avec la plus grande rigueur contre ceux qui se permettent d'avoir plus d'une femme à la fois, et, si la chose se pratique encore aujourd'hui, elle est tenue tellement secrète que les étrangers n'en peuvent pas trouver d'exemple. La Salle d'assemblée--*Assembly Hall*--est située près du Tabernacle et sert indistinctement aux réunions publiques ou aux services religieux. C'est aussi un édifice remarquable qui peut contenir 3,000 personnes, et dont les peintures décoratives ont un caractère exclusivement religieux. Les panneaux de la voûte contiennent une série de tableaux représentant l'histoire de la découverte du livre des mormons par leur prophète Joseph Smith. Une immense ruche emblématique, avec l'inscription: *Holiness to the Lord*, occupe le panneau du centre. Cette ruche et cette inscription se retrouvent partout dans les édifices des mormons, à Salt Lake City. Ce sont les armés et la devise de leur Eglise.

"Assembly Hall"   Le Tabernacle   Le Temple

CHEZ LES MORMONS

Le nouveau temple de *Salt Lake City* sera sans contredit, lorsqu'il sera terminé, un des édifices les plus curieux et les plus remarquables de l'Amérique. L'extérieur ressemble assez, en grandeur et en apparence architecturale, à l'église de Notre-Dame à Montréal, avec cette différence, cependant, qu'il y a trois tours à chaque extrémité, et que ces tours, lorsqu'elles seront finies, seront surmontées par des flèches qui atteindront une hauteur de deux cent cinquante pieds. La longueur du temple est de deux cents pieds, sur une largeur de cent pieds, et le tout est construit en granit magnifique, taillé et sculpté d'une manière tout à fait artistique. La première pierre fut posée le 6 avril 1853, et il serait assez difficile de dire à quelle époque le temple sera consacré au culte. Qu'il me suffise de constater que les Mormons ont déjà dépensé $5,000,000--je dis bien cinq millions de piastres--pour les travaux faits jusque aujourd'hui, et l'intérieur n'a pas encore été touché. On évalue le coût total à $8,000,000; mais l'architecte lui-même qui m'a donné ces détails avoue qu'il est assez difficile de donner des chiffres absolument exacts. On voit que les mormons ne mesquinent pas pour tout ce qui touche aux intérêts et à la magnificence de leur culte. Les trois édifices dont je viens de donner une courte description seraient considérés comme remarquables, dans n'importe quel pays du monde. Le magasin des dîmes--tithing storehouse--le musée, les résidences du président et des apôtres, sont des constructions ordinaires comme on en rencontre partout, si j'en excepte, cependant, le *Gordo House*, ancienne résidence de Brigham Young, construite par lui quelque années avant sa mort. Il est peut-être intéressant de dire ici que Brigham Young était né à Willingham, Etat du Vermont, en 1801, qu'il embrassa la croyance de Joseph Smith en 1833, et qu'il mourut à *Salt Lake City*, le 29 août, 1877, laissant une fortune personnelle de plusieurs millions de dollars, aux très nombreux enfants qu'il avait eus de plusieurs femmes.

L'établissement commercial le plus important de *Salt Lake City* est le *Zion's Coopérative Mercantile Institution*, immense association coopérative qui a des succursales dans toutes les villes de l'Utah, et qui fait des affaires, chaque année, pour un montant très-élevé. Ses transactions pour l'année 1889 se sont élevées à plus de $5,000,000, et en consultant Bradstreet, j'ai constaté que son crédit était illimité.

On veut probablement savoir, maintenant avant de quitter le pays des mormons, quelle est mon opinion sur ce curieux peuple qui se croit appelé à jouer sur terre le rôle de "peuple choisi de Dieu. "Je n'ai pas à discuter ici l'absurdité de leurs traditions et la puérilité de leur croyance dans les révélations de leur prophète Joseph Smith. Leur religion semble un mélange de crédulité inexplicable et de fanatisme outré. Les mahométans eux-mêmes n'observent pas plus régulièrement les préceptes du Coran et ne croient pas plus fermement aux inspirations de Mahomet que les mormons ne pratiquent les ordonnances de leur Eglise et ne sont convaincus que Joseph Smith était le prophète de Dieu. Dans la vie ordinaire et dans leurs relations avec les *Gentils*, on m'a dit tant de bien t et tant de mal des *Saints du dernier jour*, qu'il est assez difficile pour moi de me former une idée absolument juste sur leur compte. Un prêtre catholique m'a vanté leur fidélité inaltérable à leur croyance, tout en faisant naturellement ses réserves au point de vue religieux. D'autres personnes m'ont affirmé que les mormons étaient des hypocrites; d'autres enfin m'ont vanté leur honorabilité et leur parfaite intégrité, dans leurs relations commerciales. Je dois dire pendant les quelques jours que j'ai passés à *Salt Lake City*, j'ai cherché à me renseigner, autant que faire se pouvait, sur tout ce qui se rattache à leur organisation sociale, et partout où je me suis adressé, chez les plus hauts dignitaires de l'Eglise, comme chez le plus humble cultivateur, on m'a reçu et l'on m'a répondu avec la plus grande courtoisie, la plus parfaite bienveillance et la plus grande cordialité au moins apparente.

L'ENTREE DE LA GORGE NOIRE — *Black Canon*

Le président Woodruff lui-même a répondu à toutes mes questions, peut-être indiscrètes, parfois, avec une bonhomie et une franchise dont je n'ai eu qu'à me louer, mais j'avoue que je n'ai pas eu le temps d'étudier assez longuement cette étrange population, pour en parler avec une autorité suffisante. Ce que j'en ai vu, cependant, m'a convaincu que, en général, on se fait une idée bien fausse ou bien exagérée de tout ce qui touche à la croyance des mormons, à leur organisation religieuse et sociale, aussi bien qu'à leur situation agricole, commerciale et financière. Sur ce dernier point, ils jouissent indiscutablement d'une prospérité relativement supérieure à celle des autres populations environnantes. La centralisation de tous les pouvoirs entre les mains de quelques chefs a eu pour effet d'établir une solidarité générale qui exclut la misère et l'extrême pauvreté dans toutes les classes de cette organisation politico-religieuse. L'instruction a aussi fait des progrès rapides parmi eux, et ils envoient systématiquement leurs élèves les plus intelligents terminer leurs études dans les grands collèges des Etats de l'Est et des pays européens. Ils cultivent aussi avec succès l'étude des arts libéraux, et ils comptent dans leurs rangs des musiciens, des peintres, des sculpteurs et des architectes de distinction. Le contact des étrangers tend continuellement à leur communiquer des idées plus larges et plus en harmonie avec la civilisation moderne, et il sera curieux de constater, dans vingt-cinq ans, les changements que ce contact aura opérés parmi eux. L'émigration se porte aujourd'hui considérablement vers l'Utah, qui offre un champ fertile pour l'agriculture, et dont les richesses minérales promettent un rendement que l'on pourra comparer bientôt avantageusement avec ceux des Etats voisins. Il est curieux de constater que les mormons ne s'occupent pas de l'exploitation des mines, et qu'il existe chez eux un préjugé religieux contre ce genre d'occupation, ce qui a permis aux Gentils d'accaparer tous les terrains miniers au détriment des *Saints du dernier jour*.

Le Grand Lac Salé, autrefois connu sous le nom du Lac Bonneville, du nom de son premier explorateur, est une vaste nappe d'eau de 2,200 milles de superficie--environ un tiers de celle du lac Ontario--entourée de hautes montagnes, d'une profondeur moyenne de vingt pieds, ayant une longueur extrême de cent vingt-six milles et une largeur moyenne de quarante-cinq milles. Un gallon impérial de l'eau de ce lac remarquable contient vingt-quatre onces et demie de matières salines, et le général Fremont, dans son exploration de 1842, obtint "quatorze chopines de beau sel blanc par l'évaporation de cinq gallons d'eau dans une bouilloire ordinaire, au-dessus d'un feu de campement." Les eaux du lac sont plus salées que les eaux de l'Atlantique, et contiennent à peu près les même proportions de sel que les eaux de la Mer-Morte, en Palestine. Voici d'ailleurs le résultat d'une analyse faite par les soins du *Smithsonian Institute* de Washington. Je traduis littéralement:

        Sel ordinaire............................ 11,735
        Carbonate de chaux....................... 016
        Sulphate de chaux........................ 073
        Sel d'Epsom.............................. 1,123
        Chlorure de magnésie...................... 843

        Proportion de solides.................... 13,790
        Eau..................................... 86,210

$$\overline{100{,}000}$$

Cent grains de matières solides contiennent:

Sel-ordinaire............................ 85,089
Carbonate de chaux.......................... 117
Sulphate de chaux.......................... 531
Sel d'Epsom................ 8,145
Chlorure de magnésie....................... 6,118

$$\overline{100{,}000}$$

Voilà pour les savants que cette analyse peut intéresser. J'ai déjà donné les proportions en termes ordinaires, pour le commun des mortels.

Les eaux du Grand Lac Salé sont d'une pureté et d'une transparence remarquables, et l'on aperçoit le sable et les petits cailloux du fond, à une profondeur de vingt-cinq à trente pieds. Bien que de nombreuses rivières d'eau douce descendent des montagnes limitrophes pour se déverser dans son lit, et bien qu'on ne leur connaisse pas d'issue ou de débouché, les eaux du lac restent uniformément salées. On a remarqué aussi que le niveau des eaux a changé à plusieurs reprises, formant une espèce de marée inégale et irrégulière; mais on ignore la cause du flux et du reflux de cette mer intérieure dont le lit était autrefois beaucoup plus considérable, comme on peut en juger par les traces qu'ont laissées les eaux, en se retirant, sur les flancs des montagnes voisines.

LE GRAND LAC SALÉ

Plusieurs îles, dont quelques-unes assez importantes, rompent l'uniformité du paysage, et les citoyens de *Salt Lake City* et d'Ogden ont construit sur le rivage des maisons de plaisance et des bains, à un endroit magnifique que l'on a nommé *Lake Park* et qui prend, chaque année, plus d'importance, comme ville d'eaux. La densité des eaux du lac est telle que les baigneurs flottent à la surface, sans faire le moindre effort, et les médecins déclarent que les bains du Lac Salé valent à tous les points de vue, les bains de mer. *Lake Park* est à mi-chemin entre *Salt Lake City* et Ogden, ville de 10,000 habitants, située à trente-six milles de la capitale de l'Utah, à sept cent soixante-et-onze milles de Denver, à deux mille cinq cents de New-York, à huit cent soixante-et-quatre à l'est de San-Francisco, et à une élévation de 4,286 pieds au-dessus du niveau de la mer. C'est ici que ce fait le raccordement du *Denver and Rio Grande Railway*, de l'*Union Pacific Railway* et du *Central Pacific Railway*. Ces deux derniers chemins de fer forment le premier réseau transcontinental qui ait été construit aux Etats-Unis, et la ville d'Ogden, qui est aussi d'origine mormonne, deviendra bientôt, par sa position centrale et ses facilités de communication, une rivale de son aînée, *Salt Lake City*.

C'est ici que se termine mon voyage vers l'Ouest, et je vais reprendre la route du *Denver & Rio Grande Railway*, en visitant en route les centres miniers d'Aspen et de Leadville, dans le Colorado.

La roche tremblante — Jardin des Dieux

XVI

LES VOYAGES DE BONNEVILLE--ASPEN LE MONT DE LA SAINTE-CROIX.

Il s'agit maintenant de quitter l'Utah pour refaire ma route jusqu'à *Grand Junction*, en traversant de nouveau la rivière Verte, où nous allons nous arrêter quelques instants pour réveiller les souvenirs de l'expédition du capitaine Bonneville, en 1832, 33 et 34.

Bonneville était capitaine au 7e régiment d'infanterie des Etats-Unis, lorsqu'il entreprit le voyage que Washington Irving a raconté quelques années plus tard. Le désir de prendre part aux explorations des territoires encore inconnus des Montagnes-Rocheuses, et de voir de près la vie sauvage des traiteurs et des chasseurs de l'Ouest avait engagé le capitaine à former une expédition pour faire la traite, tout en faisant des études qui pour raient servir à renseigner les autorités militaires sur le nombre, l'armement et les dispositions pacifiques ou belliqueuses des tribus sauvages. Il obtint donc un congé de deux ans, et partit à la tête de quarante hommes et d'un assortiment complet de marchandises, de bimbeloterie, d'armes et de munitions, de rassade, de draps et d'indiennes de couleur, en un mot de tout ce qu'il fallait pour faire la traite des pelleteries avec les trappeurs et les sauvages de l'Ouest.

Le rendez-vous général des traiteurs était, à cette époque, situé dans une vallée que les métis canadiens appelaient *Trou de Pierre*, parce que l'un des leurs avait été assassiné, en cette endroit, par une bande de Pieds-Noirs. Trois compagnies puissantes exerçaient alors le monopole de la traite dans ces pays sauvages: la Compagnie de la Baie d'Hudson, la *Rocky Mountain Fur Company* et l'*American Fur Company*. Ces deux dernières avaient leurs sièges sociaux à New-York et à Saint-Louis, respectivement. Le *Trou de Pierre* était situé dans la vallée de la rivière Verte, près de ses sources et non loin des pics que les trappeurs, dans leur langage pittoresque, avaient nommés les *Trois-Tétons*. Ces montagnes que l'on apercevait à une grande distance, servaient de guides et de points de ralliement à tous ces aventuriers qui s'enfonçaient dans la solitude à la recherche des fourrures qui abondaient dans les contrées environnantes.

UN CONSEIL DE GUERRE CHEZ LES INDIENS.

Bonneville arriva au rendez-vous, où il avait été devancé par les représentants des compagnies et par plusieurs bandes libres de chasseurs métis et sauvages qui venaient échanger le produit de leur chasse pour les marchandises des traiteurs. Durant un mois, les chasseurs faisaient ripaille, et le *Trou de Pierre* devenait un véritable caravansérail où l'on buvait, dansait, chantait, jouait et où l'on se battait souvent à la suite des querelles qu'engendrait la réunion d'éléments aussi disparates. Plusieurs tribus indiennes, amies des blancs, venaient aussi camper aux environs pour se procurer des armes, de la poudre et des balles dans le double but de faire la chasse et de se défendre contre les attaques des Pieds-Noirs et des Corbeaux, qui faisaient une guerre de surprises et d'embuscades à tous ceux qui osaient chasser dans les pays voisins.

Les Nez-Percés, les Têtes-Plates, les Pen'd'oreilles, les Cotonnois, les Gros-Ventres formaient une espèce d'alliance offensive et défensive contre les Pieds-Noirs et les Corbeaux; mais ceux-ci, qui étaient plus aguerris et plus nombreux, les poursuivaient partout avec une fureur et un acharnement qui ne s'explique que par le fait que ces sauvages ne vivaient que de guerre et de rapine. Le métier de trappeur était donc des plus dangereux, et il fallait se tenir continuellement sur ses gardes et être prêt à toutes les éventualités, pour s'aventurer dans les montagnes. Après ce mois de réjouissances et de bombance, toutes les bandes se dispersaient pour revenir un an plus tard recommencer la même histoire. Je n'ai pas l'intention de suivre le capitaine Bonneville dans toutes ses expéditions et dans toutes ses luttes meurtrières avec les Pieds-Noirs; qu'il me suffise de dire qu'il ne revint à New-York que trois ans plus tard, et qu'il eut quelque difficulté à se faire pardonner son absence prolongée, par les autorités militaires. Je désire cependant relever quelques injustices et quelques inexactitudes que Washington Irving à introduites dans son récit, sur le compte des chasseurs canadiens et métis. Le célèbre auteur de la Vie de Christophe Colomb se laisse souvent emporter par ses préjugés contre tout ce qui est d'origine française, et Bonneville n'a probablement échappé à ses critiques que parce qu'il était officier dans l'armée des Etats-Unis, quoique né à New York de parents français.

En racontant l'organisation de l'expédition, Irving dit à plusieurs reprises que les Canadiens et les métis étaient loin de valoir les chasseurs américains, d'origine anglo-saxonne; mais il ne cite pas un seul fait à l'appui de son affirmation, se contentant de l'opinion d'un traiteur étranger--*a foreigner by birth*, dit Irving, qui prétendait qu'un Américain valait bien trois Canadiens, pour faire la chasse ou la guerre dans les montagnes.

Or, en exprimant cette opinion, il paraît oublier que Bonneville lui-même, le chef de l'expédition, aussi bien que ses lieutenants Cerré et Mathieu étaient de sang français, les deux derniers canadiens de naissance; que les trappeurs de l'*American Fur Company* étaient commandés par Fontenelle, un autre Canadien; que les bandes de la *Rocky Mountain Fur Company* étaient sous les ordres d'un chef nommé Sublette; qu'enfin les trappeurs canadiens-français avaient découvert et exploré le pays depuis un grand nombre d'années, et avaient donné des noms français à tous les endroits connus. La rivière Verte, *Green river*, la rivière au Serpent, *Snake river*, la rivière aux Saumons, *Salmon river*, la rivière Boisée, la rivière Malade, la rivière à Godin, la rivière Cache-la-Poudre --*Powder river*,--enfin presque toutes les montagnes, les vallées et les cours d'eau de ces pays sauvages portaient des noms français; et comme je l'ai déjà dit, tous les chefs d'expédition étaient français, canadiens-français, ou d'origine française, bien que les grandes compagnies de traite fussent, à cette époque, exclusivement composées d'Américains et d'Anglais. Je ne comprends guère comment Irving pouvait concilier ces faits qu'il cite lui-même, avec l'opinion de cet *étranger* qui prétendait que les Américains avaient une supériorité si marquée sur les traiteurs d'origine française. Il n'est généralement pas d'usage de choisir les chefs parmi les moins braves et les moins intelligents pour commander les plus hardis et les plus aguerris, ce qui cependant paraîtrait être le cas, si l'opinion d'Irving et de son "étranger" avait la moindre apparence de justice ou d'authenticité.

LE COL FREMONT

Comme priorité de découverte, le seul fait que le plus grand nombre des tribus sauvages portaient des noms français, que les Américains leur ont conservés, doit être suffisant pour établir les droits des trappeurs canadiens-français. Il est arrivé quelquefois qu'on a voulu traduire en anglais ces noms de tribus que nos chasseurs avaient eux-mêmes traduits des langues sauvages; mais on a généralement tronqué l'orthographe de manière à dépister toutes les recherches étymologiques. En voici un exemple entre plusieurs: les Américains appellent *Utes* la tribu sauvage qui réside actuellement sur la réserve de Saint-Ignace, près du Durango, dans le midi du Colorado. Ce mot *Utes*, en anglais, ne signifie rien du tout, et sans le nom français de cette tribu, il serait impossible d'en trouver l'origine, que voici, cependant. Les trappeurs canadiens appelaient cette tribu les *Enfants*, ce qui était la traduction littérale de leur nom sauvage. Les Américains traduisirent à leur tour et firent *Youths*--que quelque aventurier illettré écrivit *Utes*--et ce dernier nom leur est resté tel quel, et c'est ainsi qu'on l'écrit, même dans les documents officiels du gouvernement de Washington! Voilà pour la supériorité de l'intelligence des chasseurs américains sur les chasseurs canadiens, et je pourrais citer un nombre de faits analogues, si l'espace me le permettait.

Bien que je n'aie pas l'intention de continuer ici ce plaidoyer en faveur de mes compatriotes, je ne puis résister au désir de citer encore une fois la relation de Gabriel Franchère, qui écrivait vingt-cinq ans avant Irving, et qui avait visité le pays vingt-trois ans avant Bonneville. On verra par cette citation que non seulement les hommes, mais les femmes elles-mêmes, affrontaient les dangers de cette vie dangereuse, et qu'il fallait une bravoure plus qu'ordinaire pour entreprendre des expéditions dans ces conditions là:

Le 17, la fatigue que j'avais éprouvée à cheval, la veille, m'obligea à rembarquer dans mon canot. Vers huit heures, nous passâmes une petite rivière venant du N.-O. Nous aperçûmes, bientôt après, des canots qui faisaient force de rames pour nous atteindre. Comme nous poursuivions toujours notre route, nous entendîmes une voix d'enfant nous crier en français: "Arrêtez donc, arrêtez donc!" Nous mîmes à terre, et les canots nous ayant joints, nous reconnûmes, dans l'un d'eux, la femme d'un nommé Pierre Dorion, chasseur, qui avait été envoyé avec un parti de huit hommes, sous la conduite de M. J. Reed, pour faire des vivres chez la nation des Serpents. Cette femme nous apprit la fin malheureuse de tous ceux qui composaient ce parti. Elle nous dit que, dans le cours du mois de janvier, les chasseurs s'étant dispersés çà et là afin de tendre leurs pièges pour prendre le castor, les nommés Jacob Peznor, Gilles Leclerc, et Pierre Dorion, son mari, avaient été attaqués par les naturels; que Leclerc, qui n'était que blessé, s'était rendu à sa tente, où il était mort au bout de quelques instants, après lui avoir annoncé que son mari avait été tué; qu'elle avait aussitôt pris deux chevaux qui étaient restés près de sa loge, avait fait monter dessus ses deux enfants, et avait gagné en toute hâte le poste de M. Reed, qui était éloigné d'environ cinq jours de l'endroit où son mari avait été tué; que son étonnement et son inquiétude avaient été extrêmes, lorsqu'elle avait trouvé la maison déserte et aperçu quelques traces de sang; que ne doutant pas que M. Reed n'eût été massacré, elle s'était enfuie, sans perdre de temps, vers les montagnes, au sud de la rivière Walawala, où elle avait passé l'hiver, ayant tué les deux chevaux pour se nourrir, elle et ses enfants; qu'enfin se voyant sans vivres, elle avait pris le parti de redescendre les montagnes et de gagner les bords du Tacoutche-Tessé, dans l'espérance de rencontrer des sauvages plus humains, qui la laisseraient subsister parmi eux, jusqu'à l'arrivée des canots qu'elle savait devoir remonter la rivière, au printemps. Les sauvages du Walawala avaient en effet accueilli cette femme avec beaucoup d'hospitalité, et c'étaient eux qui nous l'amenaient. Nous leur fîmes quelques présents, pour les dédommager de leur soins et de leur peines, et ils s'en retournèrent satisfaits.

Les personnes qui périrent dans ce malheureux hivernement étaient M. John Reed (commis), Jacob Peznor, John Hobhough, Pierre Dorion (chasseurs). Gilles Leclerc, François Landry, J.-Bte Turcot, André Lachapelle, et Pierre Delaunay. Nous ne doutâmes pas que cette boucherie ne fût une vengeance exercée contre nous par les naturels, pour la mort d'un des leurs, que les gens du parti de M. Clarke avaient pendu pour vol, le printemps d'auparavant.

Que penser de la présence de cette femme, seule avec ses deux enfants, dans ces pays sauvages et faisant bravement face à la situation, sans perdre la tête un seul instant? Si les femmes étaient si vaillantes, que devaient donc être les hommes qui vivaient dans un danger continuel?

Aujourd'hui, tous ces pays de chasse ont été ouverts à la colonisation et sont croisés, dans tous les sens par des chemins de fer. Les Indiens ont presque entièrement disparu, et ceux qui restent vivent sous la tutelle du gouvernement américain. Et il y a à peine cinquante-six ans que Bonneville faisait son voyage d'exploration et visitait les côtes du Pacifique, qui appartenaient alors au Mexique! Ces changements sont assez merveilleux pour que le voyageur s'en étonne et les note soigneusement dans sa mémoire ou tout au moins dans son calepin.

LE SOMMET DU MONT VETA

Je vais maintenant reprendre mon itinéraire, à Grand Junction, en retournant à Denver par l'embranchement nord du *Denver and Rio Grande Railway*, en passant par *Glenwood Springs, Aspen* et *Leadville*. Je n'entreprendrai pas de parler du pays, qui ressemble absolument à celui dont j'ai déjà fait la description en passant par Gunnison, Montrose et Salida. On suit le cours de la rivière *Grande*, en continuant à traverser toute une série de gorges, de défilés et de vallées, jusqu'aux sources minérales de Glenwood, qui sont situées à trois cent soixante-et-sept milles de Denver et à une altitude de 5,768 pieds. Ces sources sont célèbres, dans le pays, pour leurs qualités curatives et les eaux en sont tellement abondantes qu'on a construit pour les baigneurs une immense piscine qui n'a pas moins de six cents pieds de long sur cent pieds de large, et qui contient 1,500,000 gallons d'eau sulfureuse à une température continuelle de 95 ° Fahrenheit. Les eaux sortent de terre à une température de 145 °, et l'on peut, en les laissant refroidir à l'air, obtenir le degré de chaleur qui convient à chaque malade. Les médecins recommandent particulièrement les bains de *Glenwood Springs* pour le rhumatisme, la goutte, le diabète, les scrofules, les maladies de reins, du sang et de la peau. Un hôtel moderne offre toutes les commodités nécessaires, et une jolie ville de 3,000 habitants s'est élevée en cet endroit, sur les bords de la rivière *Grande*.

Toute la contrée environnante contient l'or et l'argent en abondance, et de nombreuses mines ont été mises en exploitation depuis quelques années. Un embranchement du chemin de fer se dirige ici vers Aspen, situé à soixante-quinze milles au sud-est, dans le comté de Pitkin. Cette ville, qui compte à peine douze années d'existence, possède déjà une population de 11,000 habitants, et promet de devenir un centre d'exploitations minières d'une très grande importance. La contrée environnante est aussi favorable à l'élevage et à l'agriculture, et la nombreuse émigration qui se porte constamment vers cette partie du Colorado semble promettre un développement rapide dans un avenir prochain. Une distance de 90 milles sépare *Glenwood Springs* de *Leadville*, et c'est entre ces deux endroits que le chemin de fer s'élève de nouveau à une altitude de 10,418 pieds au-dessus du niveau de la mer, en traversant le défilé du Tennessee, --*Tennessee pass*. C'est de cette hauteur que l'on aperçoit le remarquable pic que les trappeurs et les missionnaires ont nommé: mont de la Sainte-Croix--*mount of the Holy Cross*. Sur le flanc sombre de la montagne, près du sommet, deux gorges ou plutôt deux glaciers se coupant à angles droits, forment une croix gigantesque qui se détache étincelante sous les rayons du soleil, à une hauteur de 14,176 pieds. On raconte que les chasseurs d'autrefois faisaient souvent de grands détours pour faire ici une espèce de pèlerinage et pour venir dévotement prier devant ce symbole sacré de la religion chrétienne. Le convoi s'arrête un instant sur le sommet du défilé pour permettre aux voyageurs d'admirer cet étonnant caprice de la nature, et nous reprenons bientôt la route qui nous conduit à *Leadville*, cité de 30,000 habitants, dont l'histoire, qui date à peine d'une douzaine d'années, ressemble assez aux merveilleux récits des Mille et une Nuits.

LE MONT DE LA SAINTE CROIX

XVII

LEADVILLE--LES MINES DU COLORADO

Je viens de dire que l'histoire de Leadville, depuis sa fondation, ou plutôt depuis la découverte des gisements d'or et d'argent dans les environs, en 1876, semble un chapitre emprunté aux récits des Mille et une Nuits ou aux aventures merveilleuses du comte de Monte-Cristo. Des fortunes colossales ont été amassée dans un an, dans six mois, parfois dans un mois ou dans un jour. L'histoire des premiers temps de la découverte de l'or en Californie s'est répétée, avec cette différence, cependant, que les mines de Leadville ont pu être développées immédiatement par les moyens que la science moderne met à la disposition de toutes les industries. Il serait inutile de faire ici l'historique des premiers établissements, qui remontent à peine à quatorze ans, car on pourra voir, par la statistique suivante que dès la première année, en 1879, le rendement des mines de Leadville atteignait, d'un bond, le chiffre fabuleux de $10,333,700.00, alors que de 1860 à 1879, c'est-à-dire durant une période de dix-neuf ans, cette partie du Colorado n'avait produit qu'à peu près le même montant, ou $10,700,000.00 en or et en argent.

STATISTIQUES DE ONZE ANNÉES.

1860 à 1879...............	$10,700,000
1879...............	10,333,700
1880...............	15,025,135
1881...............	13,147,257
1882...............	17,127,402
1883...............	15,538,446
1884...............	12,837,497
1885...............	12,357,662
1886...............	13,750,833
1887...............	12,072,967
1888...............	11,830,205
1889...............	13,684,051

$158,405,155

N'est-ce pas que ce chiffre de $158,405,155 est absolument fabuleux, lorsque l'on réfléchit que Leadville n'existe que depuis 1876, et que le pays, jusqu'à cette époque, avait à peine été exploré par quelques mineurs ou quelques trappeurs qui prenaient plaisir à vivre isolés, loin des limites de toute civilisation? Ai-je besoin d'ajouter que cette richesse soudaine a eu pour effet de faire de Leadville une cité prospère, florissante et possédant toutes les facilités modernes de communication, de commerce, d'exploitation industrielle, d'instruction, d'éclairage et d'habitation. Située dans un des pays les plus pittoresques du monde, entourée de montagnes couvertes de neiges éternelles, arrosée par des rivières qui s'alimentent aux innombrables torrents de la chaîne des *Saguache*, la--"ville du plomb"*Leadville* est devenue la ville de l'or, de l'argent et de toutes les améliorations imaginables que ces métaux précieux peuvent apporter dans un pays déjà si richement doué par la nature.

Afin de mieux faire comprendre la richesse exceptionnelle des mines? de Leadville par la comparaison, je vais me permettre de donner ici les chiffres de la production des mines du monde entier, en or et en argent, pour l'année passée, 1889. J'emprunte cette statistique au rapport officiel que le professeur Ivan C. Michels fait chaque année pour le département du trésor, à Washington:

Pays	Or	Argent	Total
États-Unis................	$36,302,085	$68,880,287	$105,182,372
Autres pays d'Amérique......	12,383,950	71,158,270	83,542,220
Afrique....................	4,657,200	50,250	4,707,450
Asie.......................	14,689,085	4,836,330	19,525,415
Australie.................	29,152,400	10,272,956	39,425,356
Europe....................	25,945,125	10,226,990	36,172,115
Total......................	$123,129,845	$165,425,083	$288,554,928

Le poids des métaux du tableau qui précède se divise comme suit:

OR, 408,391 livres avoir-du-poids. ARGENT, 8,775,866 avoir-du-poids.

La quantité de l'or est à l'argent dans la proportion de 1 à 21.54. La valeur de l'or est de 42.6 par cent, et celle de l'argent 57.4 par cent.

L'augmentation des mines d'argent se fait sentir aux Etats-Unis et au Mexique, et tout spécialement en Australie, où la production de l'argent a augmenté de $1,058,000 en 1888 à $10,272,956 en 1889.

LE MAJORDOME — GLEN EYRE

Voici un nouveau tableau qui fait voir la production totale des mines de l'univers de 1881 à 1889, inclusivement:

	Or.	Argent.	Total.
1881.....	$103,150,500	$103,210,500	$206,361,000
1882.....	99,500,000	110,750,000	210,250,000
1883.....	95,050,500	115,561,000	210,611,500

1884.....	101,520,000	117,000,500	218,520,500
1885.....	103,350,200	126,750,500	230,100,700
1886.....	98,520,500	131,200,500	229,721,000
1887.....	107,061,040	126,150,900	233,211,940
1888.....	117,057,715	135,046,198	252,103,913
1889.....	123,129,845	165,425,083	288,554,928
Total....	$948,340,300	$1,131,095,181	$2,079,435,481

La moyenne annuelle pendant ces neuf dernières années, était donc de: $105,317,145.00 en or; de $125,677,242.00 en argent; le tout formant un total de $231,048,387.00. On peut donc constater par ces chiffres que la production de l'or a été, l'année dernière, de $18,000,000.00, et celle de l'argent de $40,000,000.00 au-dessus de la production de la moyenne annuelle des années précédentes.

J'ai cité ces chiffres qui font comprendre, en un coup d'ceil, l'immensité des gisements et du rendement des mines de Leadville, qui donnent près de cinq pour cent du total de la production des mines du monde entier.

Si je me suis permis de sortir du domaine du pittoresque pour aborder celui de la statistique, c'est parce que je connais l'attrait tout particulier que possèdent les métaux précieux pour le commun des mortels; et j'ai cru que mes lecteurs s'arrêteraient un instant avec plaisir dans le pays de l'or et de l'argent pour en étudier la richesse presque incalculable. Je finis, en disant que le produit total des mines du Colorado, pour l'année 1889, a été de $29,941,531 ou plus de dix pour cent des mines du monde entier. Dans le prochain chapitre, j'étudierai le Colorado au point de vue agricole, et je donnerai des chiffres qui pourront intéresser, sur les produits de la culture, de l'élevage, de l'industrie, des mines de fer et de charbon, des puits de pétrole et sur l'évaluation actuelle des propriétés foncières de la ville de Denver.

De Leadville à Salida, distance de soixante milles, on traverse un pays accidenté qui ressemble en tous points à celui que nous avons déjà parcouru, et nous reprenons ici la route de Denver, en traversant de nouveau la *Royal Gorge*, et en passant par *Pueblo* et *Colorado Springs*.

XVIII

L'AGRICULTURE ET L'ÉLEVAGE AU COLORADO.

Après avoir noté les richesses minérales du Colorado, il me reste à dire un mot de ses ressources, au double point de vue de l'agriculture et de l'élevage. J'ai déjà parlé de l'accroissement merveilleux de la ville de Denver, depuis dix ans, mais quelques chiffres officiels offriront des données absolument authentiques, qui ne sauraient manquer d'intéresser mes lecteurs. Fondée en 1859 et nommée en l'honneur du général Denver, alors gouverneur du Kansas, la capitale du Colorado ne comptait qu'une population de 4,741 habitants, en 1870. En vingt ans, ce nombre s'est élevé à 140,000 âmes, chiffre actuel de la population de Denver. L'évaluation officielle des propriétés foncières pour fins d'impôts municipaux s'élevait, en 1889, à plus de $60,000,000, ce qui forme plus d'un tiers de l'évaluation totale des propriétés de l'Etat du Colorado, qui s'élève à $195,000,000 pour la même année. Pendant l'année 1888, 1,827 bâtisses ont été construites, ayant une valeur totale $6,000,000. En 1889, la valeur des nouvelles constructions s'est élevée à $7,214,585. Et l'on croit que la valeur des nouveaux édifices en voie de construction pendant l'année courante, 1890, atteindra le chiffre fabuleux de $ 10,000,000, pour une ville de 140,000 habitants. New-York, Brooklyn, Chicago et Saint-Louis sont les seules villes du continent dont les nouvelles constructions dépassent en valeur celles de Denver, pendant l'année 1889.

DANS LE JARDIN DES DIEUX

Le tableau suivant du total des récoltes du Colorado depuis neuf ans, donne une idée assez juste de ses produits agricoles pendant cette période. Pour le maïs, le blé, le seigle, l'avoine, l'orge et les pommes de terre, les quantités se chiffrent par boisseaux, le foin se chiffre par tonneaux, et la laine par livres :

Années.	Maïs.	Blé.	Seigle.	Avoine.
1880	493,184	1,526,113	22,230	701,210
1881	503 353	1,633,322	23,101	783,420
1882	510,600	1,827,963	23,641	823,219
1883	523,411	1,960,418	25,383	1,602,176
1884	653,694	2,220,536	35,882	1,644,083

1885 664,320 2,007,218 33,216 1,652,113
1886 690,434 1,812,327 31,216 1,698,320
1887 512,613 2,018,728 32,106 1,008,269
1888 908,224 2,516,843 38,641 1,563.385
1889 1,428,332 3,006,723 46,432 2,000,000

Orge. Patates. Foin. Laine.

133,212 479.327 108,326 3,320,211
142,980 590,612 192,613 3,333.389
163,112 768,211 247,311 3.583.721
223,213 927,863 208,263 4,019,763
234,085 1.238,215 256,494 4,298,728
217,128 2,013,027 238,621 5,536,218
239,605 2,320,963 278,920 6,834,928
231,207 2,740,810 283,764 8,539,216
197,016 2,856,864 467,800 9,878,586
200,413 3,182,362 405,684 11,000,000

L'élevage se fait partout sur une vaste échelle dans les plaines de l'est du Colorado, et le rapport officiel de l'année dernière (1889) montre un total de 800,000 chevaux, 35,000 mulets et 60,000 porcs. Le tableau suivant donne les chiffres exacts, par comtés, du nombre de bêtes à cornes et de moutons qui paissaient dans les prairies à la même époque:

Comtés.	Bêtes à cornes.	Moutons.
Arapahoe............	60,537	189,811
Archuleta............	11,555	77,743
Baca................	89,601	9,960
Bent................	54,972	18,030
Boulder.............	52,059	1,380
Chaffee.............	24.933	3,918
Cheyenne............	4,671	12,987
Custer..............	36,234	
Costilla............	32,733	43,764
Conejos.............	20,925	39,674
Clear Creek.........	3,353	
Douglas.............	49,358	

Colores............	12,015	
Delta...............	53,487	
Eagle...............	150,477	4,242
Elbert..............	64,848	233,100
El Paso............	108,006	171,534
Frémont...........	61,923	
Garfield...........	69,930	3,378
Gilpin..............	4,023	
Grand..............	35,622	7,824
Gunnison.........	39,159	13,692
Hinsdale..........	3,861	
Huerfano..........	34,479	155,782
Jefferson..........	57,238	
Kit Carson........	6,717	
Kiowa..............	8,916	
Las Animas......	124,569	190,762
Larimer............	148,986	33,261
La Plata...........	61,923	13,767
Lake................	3,783	
Lincoln............	28,581	156,972
Logan..............	60,024	49,896
Mesa...............	97,875	20,916
Montezuma......	25,593	
Montrose.........	104,052	44,916
Morgan............	25,002	72,287.
Otero...............	54,531	17,562
Ouray..............	11,514	
Park.................	75,261	89,508
Phillips............	7,785	2,133
Pitkin..............	11,913	
Prowers...........	36,483	
Pueblo.............	58,638	40,155
Rio Blanco.......	136,389	15,810
Rio Grande.......	26,373	32,340
Routt...............	140,304	30,042
Saguache..........	82,332	83,534
San-Juan..........	90	
San-Miguel......	27,168	15,006
Sedgewick........	5,287	
Summit............	4,277	7,620

Washington	8,370	16,500
Weld	109,533	137,985
Yuma	13,278	
Total	2,641,546	2,007,791
Valeur totale	$25,200,725	$2,139,000

J'ai déjà dit que les mines de charbon abondaient partout dans les montagnes. Les géologues et les ingénieurs considèrent les gisements comme inépuisables. Pendant l'année 1889, les mines ont produit 2,373,954 tonneaux de houille, répartis comme suit, dans les différents comtés de l'Etat.

Tonneaux.

Arapahoe	900
Boulder	297,793
Douglas	300
El Paso	54,066
Frémont	279.855
Gunnison	251,808
Garfield	144,627
Huerfano	309,023
Jefferson	6,600
Las Animas	876,990
La Plata	32,630
Park	47,005
Pitkin	46,181
Weld	26,276
Total	2,374,054

LA CATHEDRALE — JARDIN DES DIEUX

Les puits de pétrole de Florence ont produit, l'année dernière, 360,000 barils d'huile de bonne qualité, et les fonderies et forges de fer et d'acier de Pueblo utilisent continuellement les minerais de fer qui se trouvent partout dans les montagnes. Il est indiscutable aujourd'hui que le Colorado possède toutes les richesses naturelles nécessaires pour devenir le principal centre manufacturier des États situés à l'ouest du Mississipi.

Il n'y a guère plus de vingt ans que l'on considérait encore la plus grande partie du territoire du Colorado comme impropre à la culture, à cause de la sécheresse de la température, causée par le manque presque absolu de pluies régulières; mais l'irrigation artificielle est en train de changer cet état de choses et de fertiliser d'immenses étendues de terrain dont les produits vont en augmentant tous lés jours. 34,560,000 acres ou 54,000 milles carrés reçoivent déjà les eaux des rivières au moyen de barrages et de canaux, et les puits artésiens de la vallée de San-Luis ont entièrement changé l'aspect de cette contrée qui ne compte pas moins de 36,000 milles de superficie.

Les statistiques qui précèdent sont empruntées aux rapports des chambres de commerce et peuvent être considérées comme absolument exacts. Il ne me reste plus qu'à donner un tableau des principales villes du Colorado et de leur population pour compléter les renseignements contenus dans cette correspondance. Il faut, cependant, pour bien comprendre la situation et apprécier les immenses progrès des dernières années, ne pas oublier que l'État ne fait partie de l'Union américaine que depuis 1876, et que les premiers établissements remontent à peine à trente ans.

J'ai déjà dit que les médecins étaient unanimes à recommander le séjour du Colorado pour toutes les personnes qui souffraient de maladies des poumons et des voies respiratoires; je dois ajouter que j'ai été témoin de guérisons nombreuses dues sans aucun doute à un climat sec et tempéré, à une atmosphère pure et à la légèreté et à la raréfaction de l'air. Il ne faut pas, naturellement, attendre les dernières phases de la phthisie, lorsque la maladie est devenue absolument incurable, pour se diriger vers le Colorado et y mourir loin des siens, au milieu de l'indifférence des étrangers. C'est malheureusement ce qui arrive trop souvent. Mais il est hors de doute qu'un séjour, même temporaire, apporte toujours un soulagement certain et une guérison très probable, à ceux qui peuvent faire le voyage à temps et dans les conditions voulues. Je sais, par expérience, que le climat offre une cure certaine pour l'asthme, car j'ai trouvé au Colorado un soulagement que j'avais en vain cherché dans le midi de la France, en Italie et en Algérie. Mais je le répète encore, il s'agit de ne pas attendre trop tard pour s'y rendre et de ne pas revenir trop tôt lorsqu'on s'y trouve bien.

XIX

LE "COWBOY" AU COLORADO--LE DRESSAGE DES CHEVAUX SAUVAGES.

Ma relation de voyage était terminée et j'allais donner le "bon à tirer" à mon imprimeur, lorsqu'un de mes amis qui avait lu mon manuscrit et qui paraissait s'être intéressé à mon récit, me dit:

--Mais tu ne nous dis pas un mot des cowboys. Il me semble que c'est de rigueur, dans le récit d'un voyage au Colorado.

--Mon cher ami, les *cowboys* sont en train de disparaître des plaines du Colorado, comme ils ont déjà disparu des plaines du Kansas. Les chemins de fer, l'immigration, les canaux d'irrigation et la charrue du cultivateur sont en train de les chasser au-delà des premières chaînes des Montagnes-Rocheuses. Je raconterai bien ce que je sais de ces caractères exotiques, mais je n'ai pas l'intention de rééditer les histoires plus ou moins fantaisistes que l'on a déjà publiées au sujet de la vie aventureuse du bouvier des plaines de l'Ouest.*Buffalo Bill* et sa troupe ont vulgarisé, en les accentuant légèrement, tous les détails de la vie ordinaire du *Wild West*, de "l'Ouest sauvage." J'ai cependant visité les vastes ranches où l'on s'occupe tout particulièrement de l'élevage et du dressage des chevaux, et j'y ai recueilli quelques détails que je crois inédits, et qui présentent un côté assez pittoresque de la vie des plaines.

LA CASCADE DE L'ARC-EN-CIEL
(Ute Pass)

Le *cowboy*, de toute nécessité, doit être bon cavalier et doit pouvoir non seulement monter, mais dompter les chevaux les plus sauvages. Il peut ensuite devenir bouvier et s'engager pour conduire les troupeaux.

J'ai assisté maintes fois au dressage des chevaux, et je me suis renseigné tant bien que mal auprès de ceux qui pouvaient me donner des informations. J'ai pris des notes et, ma mémoire aidant, voici le résultat de mes observations:

On commence par parquer (*corral*) les chevaux, au printemps et aux premiers jours de l'été. Quand ils sont en sûreté dans l'enclos, on choisit ceux de quatre ans qu'on veut habituer à la selle et préparer pour la vente. Alors, pour la première fois, elles sentent la main de l'homme. Ce dressage des poulains est le travail le plus pénible du *cowboy*. Ces jeunes bêtes sont sauvages et fières; et à moins qu'on ne les traite avec précaution, on peut les rendre impropres au service ordinaire.

On raconte des centaines d'aventures émouvantes dont les chevaux ont été les héros, pendant qu'on les dressait. Buffalo Bill, que je connais très bien, me racontait qu'il avait eu un associé nommé *Broncho Charlie*, qui domptait une fois, au Gros-Castor, dans le Colorado, un superbe étalon noir. Charlie qui s'imaginait qu'il avait parfaitement habitué la bête à son contrôle, lui mit la main sur l'encolure, lorsqu'en un clin d'oeil, l'étalon lui saisit cette main et se mit à la secouer absolument comme un chien le ferait d'un rat, déchirant les chairs et les muscles et lui faisant une terrible blessure. Ce fut un bonheur pour Charlie que l'animal ne l'attrapât point par le bras, car il le lui aurait broyé et mis en pièces.

On fait courir le troupeau autour du corral au petit galop, pour permettre au cowboy d'examiner toutes les bêtes et de choisir le cheval qu'il veut dresser pour l'attraper au lasso. Pour la première fois, l'animal sent les liens, et aussitôt toutes ses méfiances s'éveillent. On la voit se précipiter et essayer de se confondre dans la foule de ses compagnons. Mais, peu à peu, le *cowboy* s'approche. Il sait à quel moment il devra donner de la corde au cheval, afin qu'il ne se blesse pas, sans toutefois lui fournir l'occasion de s'échapper.

Après une lutte plus ou moins prolongée, l'animal est séparé enfin du troupeau et se tient devant son maître, tous ses membres frémissants, l'oeil dilaté et les flancs tout pantelants.

Le plus difficile reste à faire. La tâche du cowboy est bien propre à exercer au plus haut degré son jugement, son agilité, sa patience et son courage. Il faut que le cowboy passe un noeud aux naseaux du cheval et le muselle, afin de s'en faire mieux obéir et de permettre en même temps de lâcher un peu le lasso, de crainte qu'il ne s'étrangle.

Avec un instinct aussi rapide que merveilleux, le cheval découvrira le signe de frayeur le plus léger chez son dompteur, et il saura en profiter.

Le *cowboy* s'approche lentement, tantôt avançant et tantôt reculant, selon la tactique du cheval. Il s'agit pour lui d'arriver jusqu'à la tête du cheval. Si étrange que cela paraisse, la manière de lui montrer la main est un point d'une grande importance. Par instinct, la bête craint la main ouverte dont il voit la paume, beaucoup plus que celle qui est fermée, ou dont on ne lui montre que le dos.

Lorsqu'on est parvenu enfin à s'approcher assez près pour promener doucement sur l'extrémité des naseaux le dos de la main, on a accompli une bonne partie de la tâche. Le cheval commence à se calmer. Alors, d'un mouvement rapide, on lui passe un noeud coulant aux naseaux, et la bête se trouve suffisamment muselée. Parfois, cette partie de la tâche demande des heures entières. Le cheval essaiera de porter des coups avec ses pieds de devant, et essaiera de mordre, ou bien, pivotant avec la rapidité de l'éclair, il lancera de terribles ruades.

Malheur au cowboy s'il n'est aussi agile qu'un chat, et s'il ne sait point se mettre en garde contre ces attaques dangereuses. Mais surtout qu'il ne lâche point le licol ou bien tout sera à recommencer dans des conditions pires encore.

Après des tentatives longues et patientes, le cowboy parvient enfin à mettre la main sur l'encolure, le garrot et les reins du cheval. Cette manière n'est pas la plus courte pour dresser un cheval; mais c'est la meilleure.

Lorsqu'à force de douceur, on est parvenu à rendre la bête maniable, il n'est pas difficile à un cavalier habile de la monter ensuite.

Une méthode beaucoup moins longue mais plus violente, et qui peut blesser le cheval, consiste à lui lier les deux pieds de devant avec un second lasso, à le jeter après cela sur le flanc, à lui passer alors le licol et à lui attacher une selle, pendant qu'il gît ainsi sur le sol.

Après ces précautions, un cavalier adroit fait passer la bête effarouchée par une série d'exercices fatigants, jusqu'à ce qu'elle soit littéralement épuisée, et que, n'en pouvant plus, elle se soumette. Mais l'effet de cette méthode est loin d'être aussi satisfaisant que la première; car désormais, le cheval ne cessera plus de voir en son maître un ennemi naturel, et il n'obéira plus que sous l'empire de la crainte.

Mais il ne suffit pas de dompter l'animal en lui passant un licol et en l'habituant à y obéir. La seconde partie du dressage consiste à lui mettre une selle.

Pour l'y amener, on lui passe à plusieurs reprises la main sur les reins et sur les flancs. On lui jette ensuite sur le dos une couverture légère à laquelle est attachée une sous-ventrière. Néanmoins, quelque accoutumé que soit le cheval à cette couverture, ce sera encore toute une affaire lorsqu'on lui fera sentir le poids d'une selle et qu'on bouclera la sangle.

Il va sans dire qu'il y a chevaux et chevaux, et que dans le nombre, il s'en trouve qui se prêtent plus facilement que les autres à la volonté de l'homme. On arrive toutefois à surmonter enfin la difficulté de la selle, et il s'agit alors d'accoutumer la bête à se laisser monter.

Ce n'est pas la chose la plus facile du monde que d'arriver à se mettre en selle, car le cheval tourne, se dresse tout droit sur ses pieds de derrière, lance des ruades et s'efforce d'échapper. S'il se jette à terre, la selle de dressage est faite de telle sorte, avec un pommeau élevé, que le cavalier peut retirer les jambes sans difficulté dans le cas où il se trouverait pris sous la bête. D'ordinaire, il se tient sur ses pieds au moment où le cheval s'abat, et il enfourche de nouveau sa monture dès qu'elle se relève.

Voici le moment où le cheval va essayer les cabrioles. Se sentant sur le dos le poids assez lourd d'un cavalier, il fait un effort suprême pour s'en débarrasser. Le voilà qui s'élève au-dessus du sol et qui retombe tenant la tête entre ses jambes de devant, la queue serrée entre les jambes de derrière, et réunissant les quatre pieds aussi près que cela lui est possible.

Le choc que le cavalier ressent à la descente est terrible et si c'est un novice, qui ne l'a pas éprouvé encore, il sera désarçonné en un rien de temps. Mais s'il a déjà passé par des épreuves semblables, s'il sait se tenir en selle, il est à peu près certain que le cheval recommencera le même manège en y introduisant de nombreuses variations.

Il sautera, pivotera sur lui-même pendant qu'il sera dans les airs; il s'abattra sur le sol, les jambes roides comme des barres; et il lancera de terribles ruades. Si l'on se met bien dans l'esprit que tout cela a lieu pendant une course échevelée, on comprendra facilement qu'un homme qui ne se sent pas en selle parfaitement à son aise, sera bientôt désarçonné. Un coup dont la bête fait invariablement l'essai quand elle voit qu'aucun des autres ne lui a réussi, consiste en un bond fait soudainement de recul. Immédiatement après, le cheval se dresse sur sa croupe et se laisse tomber en arrière, dans l'espoir d'écraser le cavalier sous son poids. Il ne tient alors qu'à un cheveu que ce dernier n'ait quelque membre brisé, peut-être même qu'il ne soit entièrement broyé.

Il ne peut échapper au danger qu'en se jetant hors de selle par un côté, sans oublier toutefois de garder fermement dans sa poigne la corde qui sert de licol. Dès que le cheval se redresse, le cavalier doit être déjà remis en selle.

C'est alors qu'il faut du sang-froid et de la présence d'esprit, car le cheval ne médite rien moins que la mort de son cavalier. Quelquefois il continuera cette lutte durant une heure, se tenant tout le temps dans un étroit espace de dix pieds carrés. Ce n'est que lorsqu'il se sent entièrement hors d'haleine et à bout de forces qu'il donne quelques signes de soumission. Quand la bête en arrive à ce point, c'est le moment d'avoir recours au fouet et, à l'éperon pour mettre le cheval au galop. Tandis qu'il court, il ne lui est pas possible de faire ses cabrioles de bouc; aussi, pourvu que le cowboy puisse rester en selle quand le cheval fait ses sauts, et qu'il le fasse courir jusqu'au point d'épuiser ses forces, il est sûr de sortir vainqueur de la lutte.

Toutefois, si le cheval est d'un naturel vicieux, il fera l'essai du même jeu avec chaque nouveau cavalier qu'il portera en selle; car, reconnaissant un maître en celui qui l'a d'abord dompté et lui obéissant, il n'abandonnera pas l'espoir de reconquérir la liberté avec un nouveau cavalier. Aussi les *cowboys* sont-ils toujours sur leurs gardes quand ils montent une nouvelle bête, ne négligeant jamais de demander si elle *buckcabriole*, et si elle fait des bêtises.

Qu'arriverait-il si un cheval s'échappait pendant qu'on le dompte? Ce serait adieu paniers, les vendanges sont faites, du moins en ce qui regarderait le cavalier. Le cheval se souviendrait à jamais de lui; il n'oublierait pas de sa vie qu'il a eu un jour le dessus sur cet homme, et tant qu'il lui resterait un souffle de vie, il essaierait de nouveau de gagner la partie.

A dire vrai, il est très difficile de reprendre un cheval qui est dans ce cas; car dès qu'il aperçoit du plus loin un homme qui se dirige vers lui, monté sur une autre bête, il se met à fuir loin du troupeau, et il disparaît à l'horizon. Dans la plupart des cas, s'il arrive même à un cavalier d'être jeté à terre une seule fois, il est très difficile de faire oublier au cheval cette victoire, et l'on peut être certain que la bête continuera à cabrioler de temps en temps jusqu'à la fin de sa vie.

XX

LA DETTE DU SANG

15 octobre 1890.

Il vient de se passer parmi les Indiens de l'ouest, un drame étrange dont le récit a fait le tour de la presse américaine et qui trouve naturellement sa place dans un livre qui traite des régions sauvages des Montagnes Rocheuses.

Les récits d'Homère pâlissent devant l'héroïque réalité d'une lutte comme celle que nous raconte M. S. C. Robertson, lieutenant au Ier régiment de cavalerie des Etats-Unis, un des acteurs de ce drame émouvant.

Je laisse la parole à M. Robertson, me contentant de traduire son récit qui est une des plus curieuses pages de l'histoire des races indigènes de l'Amérique du Nord:

Jamais, épopée sanglante, ayant pour acteurs des blancs et des peaux-rouges, n'a présenté aussi complètement la grandeur et l'horrible, mêlés au pittoresque, que celle dont la réserve des Cheyennes du Nord a été le théâtre, la semaine dernière.

Dans cette réserve qui s'étend au sud de la rivière Yellowstone dans le Montana, et englobe les terres arrosées par la Rosebud et la Tongue, on a rassemblé les restes de cette bande de Sauvages belliqueux qui, dans le cours des septante, commandée par des chefs tels que Nez-d'aigle et Couteau-rouge, a écrit les pages les plus sanglantes dans les annales des guerres indiennes et livré les combats les plus acharnés à nos généraux Miles, McKenzie et Crook.

On peut dire que, somme toute, ces Sauvages se sont montrés assez paisibles depuis qu'ils ont été réunis sur la réserve. Néanmoins, depuis quatre ans, ils ont donné quelques signes de mécontentement et d'agitation, ce qui a rendu nécessaire l'établissement permanent de petits camps de troupes régulières dans leur voisinage.

Le printemps dernier, on craignit un instant que le meurtre d'un fermier par trois de ces Sauvages n'amenât une crise; mais les assassins furent livrés et la crise n'eut pas lieu. Néanmoins, comme conséquence de ce crime, les tentes blanches d'un escadron du Ier régiment de cavalerie des Etats-Unis, sont restées, pendant cinq longs mois, comme de silencieux pacificateurs en présence des *wigwams* enfumés des Cheyennes, le long du *Lame Deer*.

Tout nous faisait espérer le maintien de la paix et le départ prochain des troupes, quand le meurtre inattendu d'un jeune homme du nom de Boyle, commis par les Indiens, à la date du 6 septembre 1890, à trois milles de notre camp, donna une nouvelle tournure à la situation. Après trois jours de recherches actives par les troupes et les Indiens alliés, on avait trouvé le corps de Boyle dans une ravine profonde sur le penchant d'une montagne escarpée et solitaire, à une grande distance de la scène du meurtre.

Cette même nuit, la police indienne avait également découvert les assassins. C'étaient deux jeunes Cheyennes qui, lorsqu'on avait retrouvé le corps de la victime, s'étaient enfuis dans la montagne.

Ce crime, commis sans motif apparent, avait été accompagné de circonstances qui le rendaient exceptionnellement atroce; mais il eut pour, dénouement une des scènes les plus caractéristiques du courage des Peaux-Rouges.

La recherche des coupables avait continué sans aucun succès pendant plusieurs jours, lorsqu'au moment où l'on s'y attendait le moins, le père même de l'un d'eux porta à l'agent chef, un message de leur part, pour informer ce fonctionnaire qu'ils étaient fatigués de se cacher, qu'ils s'attendaient bien au sacrifice de leur vie, mais qu'ils voulaient mourir en combattant bravement. Ils faisaient donc savoir à l'agent que s'il voulait réunir les troupes, ils se présenteraient seuls pour les combattre jusqu'à la mort. Dans le cas où leur demande serait repoussée, ils se jetteraient sur l'établissement de l'agence, ainsi que sur le camp et tueraient tous les blancs qui leur tomberaient sous la main.

Faite par un guerrier de la tribu des Shoshones ou des Corbeaux, une pareille proposition n'eût été prise que pour une simple vantardise; mais elle avait un tout autre caractère venant de deux jeunes braves Cheyennes.

Avis fut donc immédiatement donné au major Carroll qui commandait le camp, et qui ordonna sans retard aux clairons de sonner le boute-selle. Les troupeaux furent ramenés aussitôt au camp et en un clin d'oeil les soldats se trouvèrent à cheval.

Celui qui écrit ces lignes ayant été un des premiers à se présenter, reçut d'ordre de prendre son escadron, de le disposer en cordon autour du camp sans perdre un seul instant, afin d'empêcher l'approche des deux Indiens de ce côté.

Comme nous parcourions au galop la distance d'un mille qui sépare le camp de l'agence, nous ne pouvions chasser de notre esprit la pensée que nous étions en train de faire une course inutile. En effet, l'idée d'un duel arrangé d'avance entre deux jeunes Indiens et trois escadrons de cavalerie, nous paraissait trop ridicule pour être prise au sérieux. Toutefois, quand je dis ce que j'en pensais au *Loup-vaillant*, chef Cheyenne qui galopait à côté de nous, il nous rassura en nous disant gravement que les jeunes guerriers se présenteraient comme ils l'avaient annoncé et que ce serait alors entre eux et nous, une lutte à mort.

Piquant donc des deux, nous arrivâmes à l'agence où nous postâmes des sentinelles; ensuite, toujours guidés par le *Loup vaillant*, nous tournâmes dans la direction de l'Est et prîmes un sentier que les deux braves devaient suivre, d'après ce que nous dit le vieil Indien.

Arrivés à un demi mille de là, nous fîmes halte et nous disposâmes nos hommes, les uns démontés et distribués en tirailleurs, les autres à cheval et placés en vedette.

En cet endroit, le chemin longe un étroit vallon qu'on dirait encaissé de tous côtés entre des collines couronnées de roches escarpées. La nature n'aurait pas pu nous choisir de meilleur amphithéâtre pour la scène que le hasard nous préparait. Lorsque nous jetâmes nos regards autour de nous, pour poster nos hommes, le spectacle que nous eûmes sous les yeux est un de ceux que l'homme n'oublie jamais.

Pendant l'agitation des jours précédents, l'agent avait rassemblé de tous les coins de la réserve la tribu entière des Cheyennes et l'avait réunie dans un camp près de l'agence.

A l'approche des troupes, les Peaux-Rouges étaient sortis de leurs *tépis* et au moment de notre arrivée, ils couronnaient le faîte des collines qui surplombent le vallon, en masses épaisses qui se détachaient du fond par les brillantes couleurs de leurs accoutrements sauvages.

A l'arrière-plan, sur les hauteurs plus élevées, sur l'autre rive du *Lame Deer*, pour être à l'abri de tout danger, se groupaient les femmes et les enfants en avant des troupeaux de chevaux.

Avant notre arrivée, les deux jeunes meurtriers avaient envoyé un messager à la tribu pour l'inviter à venir voir avec quelle bravoure ils allaient mourir. Le sang-froid avec lequel ces préliminaires de la rencontre avaient été arrangés rappelait les scènes des arènes antiques et présentait un contraste étrange avec l'ensemble des idées et des moeurs du dix-neuvième siècle. Les spectateurs étaient à peine en place, au figuré, que le rideau fut levé et que les deux acteurs dont tout le monde attendait anxieusement l'entrée en scène, firent leur apparition.

Ils étaient à cheval. On les vit déboucher d'un terrain couvert de troncs d'arbres qui traversait le vallon à environ deux mille cinq cents pieds de nous. Grâce à nos jumelles d'ordonnance, nous pûmes nous assurer qu'ils étaient bien armés, montés sur d'excellents chevaux et en grand costume de guerre. Un d'eux portait une magnifique coiffure dont les plumes splendides touchaient presque le sol.

Dirigeant leurs *ponies* vers la crête la plus escarpée de la colline que nous avions en face, ils s'arrêtèrent et firent prendre d'abord à leurs montures une allure rapide pour décrire des cercles qui se détachaient clairement sur l'horizon, leurs plumes d'aigle volant fièrement à la brise.

Pendant cette course, ils avaient entonné leur chant de mort. Il ne leur fallait ni les applaudissements des loges, ni les cris du parterre pour leur donner du coeur. N'étaient-ils pas des braves Cheyennes, des fils de guerriers Cheyennes, dont les exploits avaient fait déjà le sujet de maints chants héroïques, le soir, à la lueur des feux du bivouac? Les yeux de centaines de braves de leur tribu et des belles filles qu'ils connaissaient, n'étaient-ils pas fixés sur eux, par delà le vallon, pour les voir mourir et pour leur lancer des regards de mépris au moindre signe de crainte? Pendant ces préliminaires, nos hommes s'étaient rapprochés du pied de la colline et quelques instants après, le sifflement des balles qui tombaient autour de nous nous apprit que ce duel épique avait commencé.

Est-il nécessaire d'entrer dans des détails? Cinquante mousquetons avaient répondu'au feu des deux Sauvages, tandis que ceux ci tiraient du milieu des roches. Se voyant cernés et chassés de leur premier poste, ils se précipitèrent au grand galop du haut de la colline et coururent vers une ligne de nouvelles troupes de cavalerie qui venait d'être amenée sur le faîte méridional de la vallée par le lieutenant Pitcher, du 1er régiment de cavalerie.

Comme c'est sur cette crête que s'étaient massés la plupart des spectateurs Cheyennes, il était évident que les jeunes braves désiraient que leurs amis assistassent à la scène de mort.

Ils traversèrent rapidement le vallon; l'un à cheval, l'autre qui a eu son cheval tué sous lui, court à pied. Le premier des deux, autour de qui pleuvent les balles, escalade hardiment la colline, en face du front de bataille du lieutenant Pitcher, faisant feu en même temps de son mousqueton qu'il tient à la hanche. Trente mousquetons et revolvers sont braqués sur lui, à bout portant, mais il ne bronche pas; il avance toujours, ses prunelles lançant des éclairs de défi et de colère sauvage. Il fait une trouée dans la ligne. Il tombe alors avec trois balles dans le crâne et plusieurs autres dans le corps, ayant trouvé la mort en combattant jusqu'au dernier moment.

Cependant le jeune guerrier qui était démonté, avait tourné pour descendre le vallon, attiré peut-être par un petit groupe de blancs qui se tenaient près de l'agence. Les balles tombaient dru autour de lui. On découvrit plus tard que déjà ses vêtements étaient criblés de balles, mais c'est à ce point seulement qu'il dut recevoir sa première blessure, car tournant soudainement à gauche, avec cet instinct caractéristique des Peaux-Rouges, --l'instinct du lièvre ou du coyote blessé,--il chercha un refuge dans une tranchée faite par le lit desséché d'un torrent et là il lutta avec désespoir jusqu'à ce qu'on l'eût achevé. Ce brave était presque un enfant qui, ainsi qu'on s'en est assuré plus tard, était resté complètement étranger au meurtre de Boyle. Mais il était trop vaillant pour refuser de prendre sa responsabilité du crime commis par son jeune compagnon d'armes.

Nous glissant à travers les broussailles dans sa direction, nous J'aperçûmes enfin. Il était déjà mort. Nous restâmes émus au spectacle de ce jeune homme au visage d'une étrange beauté, couché dans son costume aux brillantes couleurs, les joues couvertes de vermillon, et en voyant son sang rose qni tachetait les feuilles jaunies par l'automne, sur lesquelles il était tombé.

C'était le dénouement du drame et la dette avait été payée à la mode indienne, sang pour sang. Nous apprîmes plus tard que les deux mères indiennes, lorsqu'on leur avait dit que leurs fils devaient mourir, étaient allées dans la montagne et là, en femmes dignes de Sparte, elles avaient bravement orné leurs enfants pour la scène finale; plus bravement encore, elles étaient restées spectatrices de la scène de mort. Après le dénouement, elles se précipitèrent vers les deux morts et se jetèrent sur ces corps bien aimés.

Les autres femmes de la tribu et les enfants sortirent en foule des camps, traversèrent le cours d'eau et en un instant, l'air retentit de leurs lamentations auxquelles se mêlaient des chants où l'on vantait déjà la vaillance des deux victimes.

Pendant la fusillade, grand nombre de jeunes braves Cheyennes qui se tenaient le long de la crête des monts, ne pouvant plus contrôler leur ardeur martiale, avaient sauté à bas de leurs ponies et bouclé leurs cartouchières par dessus leurs couvertures; mais la police indienne, dirigée avec prudence par l'agent, M. Cooper, avait fait fidèlement son devoir et l'on avait ainsi évité un soulèvement général qui était à craindre.

Comme nous chevauchions lentement dans la direction du camp, le soleil se couchait paisiblement derrière la vallée du Lame Deer; mais dans notre mémoire, se trouvait à jamais gravée en traits profonds, la scène dramatique sur laquelle il venait de jeter ses derniers rayons.

FIN